The
Implement
to
Achieve
the
Ultimates

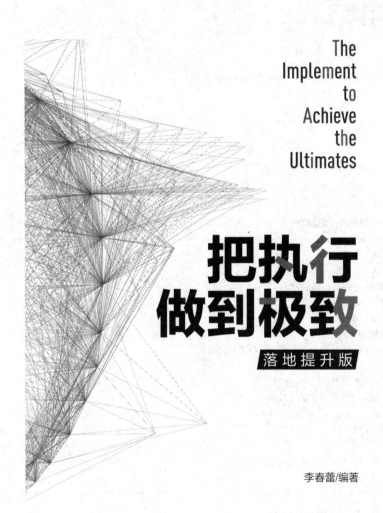

把执行做到极致

落地提升版

李春蕾/编著

中华工商联合出版社

图书在版编目（CIP）数据

把执行做到极致：落地提升版 / 李春蕾编著．-- 北京：中华工商联合出版社，2020.10
（2024.2重印）
ISBN 978-7-5158-2845-9

Ⅰ．①把… Ⅱ．①李… Ⅲ．①企业管理 Ⅳ．①F272

中国版本图书馆 CIP 数据核字（2020）第 165661 号

把执行做到极致：落地提升版

作　　者：李春蕾
出 品 人：李　梁
责任编辑：于建廷　效慧辉
装帧设计：周　源
责任审读：傅德华
责任印制：迈致红
出版发行：中华工商联合出版社有限责任公司
印　　刷：三河市同力彩印有限公司
版　　次：2020 年 11 月第 1 版
印　　次：2024 年 2 月第 4 次印刷
开　　本：710mm×1000 mm　1/16
字　　数：210 千字
印　　张：13
书　　号：ISBN 978-7-5158-2845-9
定　　价：69.00 元

服务热线：010-58301130-0（前台）
销售热线：010-58302977（网店部）
　　　　　010-58302166（门店部）
　　　　　010-58302837（馆配部、新媒体部）
　　　　　010-58302813（团购部）
地址邮编：北京市西城区西环广场 A 座
　　　　　19-20 层，100044
http://www.chgslcbs.cn
投稿热线：010-58302907（总编室）
投稿邮箱：1621239583@qq.com

The Implement
to Achieve the Ultimates

目录

第六章
执行力强大的员工必备的8种品质 / 157

第一章

高效的执行力源于专注

01. 唯其专注，所以成功

有人总结过我们一生的工作时间，情形大致如下——

如果 24 岁毕业参加工作，60 岁退休，看似是工作了 36 年，其实并不是这样。一年 365 天扣除节假日 119 天，每天满打满算工作 7.5 小时，36 年实际用于工作的时间只有 7.58 年。这 7.58 年的时间，还包括生病、请假、工作期间去厕所、会客等占用的时间。请问：最终剩下的真正用来工作的时间有多少呢？我们应当把这些有限的时间用在什么地方呢？

经常会看到一些员工，每天处在浮躁涣散的状态中，打不起精神，做事不认真，人在岗位上，脑子里却想着股票、球赛、电影；也有些人随便选择一个行业或一家公司，总想着先凑合着干，把大部分的时间用在胡思乱想，不能专心做眼下的事。对这些人来说，7.58 年的时间里，真正做事的时间可能连一半也不到，如此态度，谈何建树？

"人们眼中的天才之所以卓越非凡，并非天资超人一等，而是付出了持续不断的努力。1 万小时的锤炼是任何人从平凡变成超凡的必要条件。"这就是大家耳熟能详的"一万小时定律"。要做好一件事，你总得专注地付出，三心二意、得过且过，如何能把自己打造成所在领域内的精英？平庸者总是羡慕有成就的人，却看不到成功者背后所花费的时间、付诸的努力。

不少人向台湾经营之神王永庆取经，想知道他的成功经验。王永庆是怎么回答的呢？他说，最基本的就是要全心投入、专心专注，唯有如此才能体会到工作的乐趣，才能克服浮躁，忘记艰辛和烦恼，这时工作带给你的不仅是业绩和回报，还有智慧的增长和潜力的迸发，人生多由挫折和困顿构成，而工作蕴含着一种改变的力量，它能帮助你战胜挫折，克服困难，给人生带来喜悦和希望。

那么，何谓专注呢？简单来说，就是集中精力、全神贯注、专心致志，把自己的时间、精力和智慧凝聚到所要干的事情上，从而最大限度地发挥积极性、主动性和创造性，努力实现自己的目标。

事实上，有很多成功者并非资质过人，甚至有些人看起来不那么"灵光"，但他们有一个共同点，就是在任何情况下都有坚如磐石的决心。他们没有过高的奢望，也不受任何诱惑的影响，专注于一个领域，耕耘不辍，想尽办法不甘落后，一步步积累自己的优势。相反，不少智力超群、才华横溢的人，却少了这股子"钻"的劲头，总想着走捷径，四处涉猎，结果一事无成，白白浪费了一身的才能。如果你不想每天浑浑噩噩地上班下班，一辈子庸庸碌碌，就得把一颗浮躁的心沉下来，专注于自己所做的事情上。少了这份专注，就会变成水面上的浮萍，风一吹就散了。

闻名世界的物理学家丁肇中先生，40岁就获得了诺贝尔物理学奖，他说："与物理无关的事情我从来不参与。"同样，另一位诺贝尔奖的获得者居里夫人，也是将其一生专注于镭的研究，从未改变初心。比尔·盖茨的智慧和财富，足以支撑他去发展更多的领域，可他和自己创办的微软公司，这些年来一直专注于软件技术和软件产品的研发与推广。巴菲特从 11 岁开始买第一支股票，到了耄耋之年依旧如是，他做了一辈子的投资大师，无论牛市还是熊牛，都专注于此，雷打不动，"股神"正是这样炼成的。你能说，他们不知道其他赚钱的行业吗？当然不是，只是认准了一行，就已决心走到底。

在工作中，我们需要的也是这种精神。有些人不愠不火、不显山露水，但他们愿意花费几年甚至几十年在本职工作上，而后成了该领域的专家。

奇虎 360 的 CEO 周鸿祎说，他不会给那些找上门来的员工加薪，而只会给两种员工加薪：一种是符合工资加薪规定的人，一种是专注于自己手里的工作，并且做出成绩的人。

比别人做得更好，不一定要靠聪明，但一定需要用功和专注。牢固的根基是怎么打下来的？就是靠不断地重复一件事，认真地重复一件事，而不是做了两三次觉得自己会了，就不再用心钻研；或是做一点觉得差不多了，就转头去做其他的了。

法国文豪莫泊桑刚开始写小说时，老师对他讲，你别跟我学什么技巧，就到大街上坐着，你看着驾车的车夫，专门盯着一位。如果你能把这个车夫描述得和其他车夫不一样，那你的写作就算过关了。这番话的意思很明显，就是在说：锁定了一个目标后，要专注于它，一遍一遍地重复，不厌其烦。

在社会分工越来越细的时代，没有谁能够做到样样精通，唯有专注于一行一职，才更容易做出成绩。对绝大多数人来说，想法太多、目标分散、左顾右盼，是最大的问题。现代企业需要的人才，当有心无旁骛的信仰，以及"十年磨一剑"的专注精神，唯有把全部的精力、时间和所能调动的一切资源，投入到所做的事情中，才有可能创造出成绩。

02. 全身心地投入工作

世上没有不劳而获的事，想让生活和工作赋予你什么，先要无条件地付出和投入。

一位退休干部在教诲初入职场的后辈时，总喜欢传递这样一个观点："不管将来干什么，一定要全身心地投入到工作中。若能做到这一点，就用不着担心前途了。世界上到处都是散漫粗心、三心二意的人，心无旁骛、全身心投入工作的人，永远不用发愁没有工作。"

回过头看现在的不少年轻员工，总在抱怨工作太辛苦，薪水又太低，在公司做了好几年仍然没有得到提升，满心都是委屈，感叹着世道的不公。

诚然，人人都渴望回报，但没有哪一份得到是从天而降的。在抱怨工作之前，是否更应当扪心自问一下：我是如何对待工作的？我为工作投入了多少精力？是不是真的竭尽全力了？坦诚地面对自己，面对现实，很容易就能找到答案。

A和B都是以应届毕业生的身份入职，能力不相上下，都在办公室做销售。三年后，A成了销售组长，B却早已被淘汰离职。两个人的起点是一样的，公司的环境也无分别，为什么会有如此迥异的结局呢？

得到晋升的 A，从开始上班就透着一股精气神，全心扑在工作上，不管领导分派的客户多难"伺候"，他都尽最大努力去维护，就连周末的时间也心甘情愿搭进去。业务最紧的那段时间，他经常加班到八九点钟，没有任何怨言。为了提升能力，他还特意报了一个职业培训班，整个人始终处在向上攀登的状态中。

B 就比较糟糕了，每天都是掐着点来，踩着点走，还没到下班的时候，心就飞了，迫不及待地想要离开办公室。他的生活很丰富，几乎每天下班后都有饭局。工作虽然没有犯过什么大错，但业绩平平，偶尔碰上加班的情况，怨声载道，好像公司剥夺了他的自由。私底下他最爱说的话就是："那么拼命干吗？我又没打算在这里待一辈子……"没有危机感的 B，很少主动联络、拜访客户，都是维护领导给的那些客户，总是希望从熟悉的圈子里多拉点业务。毕竟，拓展新业务是最辛苦的，还经常碰壁。

后来，为了激励员工，也为了筛选能力不足的人，公司开始实行末位淘汰制。这样一来，抱着混日子想法的人，是不可能混下去了，业绩明摆着，做多做少有目共睹。就这样，B 在改制的第二个月被迫离职。此时，一头钻进工作中的 A，业绩做得很好，职业能力也得到了提升，偶尔还能对公司的新进员工进行培训。渐渐地，公司领导发现了他有管理才能，就升他为销售组长。

工作的意义，我们在前面已经讲过，它不仅仅是谋生的载体，也是实现个人价值的平台。既然它赋予了我们需要的一切，我们有什么理由不全身心地投入其中呢？偷奸耍滑、敷衍糊弄，看起来好像赢得了轻松，其实在浪费自己的生命；不钻进工作中，就不会有能力的提升，也不会有思想的升华，更不会做出惊人的成绩。全身心地投入，不只是为了对得起老板给的工资，更重要的是对得起自己的人生。

星巴克的创始人霍华德·舒尔茨写过一本书，名叫《将心注入》，它讲的就是一个人事业能否成功，关键在于有没有"将心注入"。我们在前面也提到过，不少人都是只用手工作，即用身工作，而心却游离在工作之外，没有真正把心思集中在工作上。看似是在忙碌，其实投入到工作中的精力并不多，业绩也不会好到哪儿去。

工作有几个层次：第一个层次就是应付，完成别人交代给我的事，做完了就完了；第二个层次是探索，想把工作做得好一些，但标准不太高；第三个层次是用心，努力把工作做得更好；第四个层次是全身心投入，不是为了完成交代的任务，而是为了追求心中的一种境界，全力以赴地把任何工作最大限度地做好。

现在，请扪心自问：你处在工作的哪一个层次，是应付还是全身心投入？有人可能会说，我也想全身心投入，但提不起精神，总觉得无聊，无所适从。这样的情况不是个案，为什么会有人乐此不疲地投入到工作中？有什么力量在支撑着他们？答案只有一个：对理想的执着，对美好的追求。有了高远的目标，不是只看眼前，才可以忍受别人不能忍受的东西，排除干扰，钻到所做的事情中。有追求的人，时刻秉持着"做一行就要做到最好"的心态，投入全部的精力。

不要把事业的失败归咎于工作卑微，这是没有道理的。人生的价值是靠自己的努力换取的，你付出得少，抱怨得多，自然不能奢望天降机遇。同样的环境，同样的条件，一定是谁耕耘得多，谁收获得多，这是工作的准则，也是人生的准则。记住一句话：生活不相信抱怨和眼泪，只相信投入和付出！

03. 做事要有"钻劲"

任何一份工作、一项专长，想要出类拔萃，都少不了一样东西：钻研。

某企业老总讲到，他有一位下属，出身名校，英语专业八级水平，悟性高，对新知识和新事物都很感兴趣。刚入公司时，毕业还不到一年，却已经换了两份工作了。直觉告诉他，此人在公司不会待太久，可爱才心切的他，还是将其留了下来，作为技术部的工程师。果不其然，工作了不到半年，此下属就提出离职。临走前，出于对老总的感恩，他坦然说明了自己的心迹。他说，在从前工作过的单位里，自己的能力、素养并不差，却要被一些不如自己的人领导，很不甘心，所以才跳槽。此次来公司，自以为深得赏识，能很快坐上主管的位子，可现在看来，各位中层的位置都坐得很稳，取而代之的概率很小，公司也不可能单独给自己设立一个与主管同级的职位。鉴于此，就想另谋高就。老总开诚布公地对他讲，依照他半年间的表现来看，成长速度不慢，只要坚持下去，定可以独当一面。只是，现在还不是提拔的时候，毕竟很多知识还要在实践中慢慢沉淀成经验。没经历过，没失败过，就想一步到位，未免太急于求成了。工作的精髓，必须靠实践的钻研，才能有所收获。

可惜，年轻人"等不及"，他感谢老总对自己的信任，但内心相信还有其他的路可走。就这样，他离职了。老总内心觉得惋惜，可他去意已决，只有给予尊重和祝福。不过，这种平等友好的关系，并未从此隔断。离开后，下属偶尔也会给他打电话，在沟通中，他发现年轻人兜兜转转去了多家不同的公司，似乎未能找到想要的位置，抱怨声反倒比从前更多了。

后来，老总开设了一家新公司，许多重要的岗位都很缺人，尤其是实验室增加了大量的设备，而内部又选拔不出合适的人。焦灼中，他想到了那位辞职的下属，觉得他是一块璞玉，只是缺乏雕琢，况且有过碰壁的经历了，应该会有所改变。对方听说这个消息后，非常激动，很快就入职了。

在新职位上，下属做得很投入，每天伏案翻阅资料，白天调整测试程序，大概用了半个多月的时间，实验室所有的设备就都有序运转了。他还对所有的作业文件进行梳理，重新修改增订。老总本以为，他今后可能会在这样一个宽松的环境里有更大的突破。可惜好景不长，在这个职位待了两年后，他再次提出了辞职，原因和当初如出一辙。

如今，很多条件、资历不如他的人，都在行业里有了一定的建树，而他还在为最初的那个"梦想"奔波着。每次提起他，老总都不免觉得可惜。

趁着青春去打拼、成长，绝对是一件好事，但仅仅有机会是不够的，还要深入地去钻研，把它做深做透，而这些必然要花费大量的时间和精力，还须有一份持久的耐力。这不是个案，而是很多人的缩影。我们为何要重申具有钻研品质的"钉子精神"，它意味着什么呢？或许，就像雷锋在日记中所言："一块好好的木板，上面一个眼也没有，但钉子为什么能钉进去呢？这就是靠压力硬挤进去的，硬钻进去的。"

在工作的领域，想成为一个卓尔不群者，就得有"钻"的精神！这个钻，需要摒弃急功近利之心，摒弃权与利的诱惑，在选定的那块"木板"上，找一个更细致的目标，稳扎稳打地凿下去，要用心、用力，有持久的耐性，方能达成所愿。

职场类栏目《非你莫属》中，曾有一位求职者，他只有23岁，年轻没什么经验，但有一个特长，那就是对北京市所有的公交线路都了如指掌，几乎达到了"活地图"的标准。哪条公交改路线了，哪辆公交车换车型了，他都会记下来。所以，他想在节目中求得一份旅游体验师的职位。

现场考核中，主持人问他："从国贸到旧鼓楼大街怎么走？"他不假思索地说："从国贸坐1路汽车，到天安门东换乘82路。"主持人又问："那从国贸到营慧寺呢？"他一样从容地回答："坐地铁1号线到五棵松，换乘运通113。"此外，他还在现场为一对情侣设计了北京一日游的路线。

原本，场上的多位老总并没有招录他的打算，但最后都被他对公交的"钻劲"打动了，他们不约而同地向他发出了诚挚的邀请，且现场为他设岗。最后，他选择了一家自己感兴趣的公司。主持人问这家公司的老总："你给他的薪水，会不会太高？"那位老总说："专业的、执着的、优秀的人才，是无价的！"

很多企业不愿意招录应届生，不都是因为他们没有经验，更多的是因为他们缺乏钻研的耐性。无论哪一个行业，最稀缺的永远都是有"钻劲"的人。因为，有钻劲，才会专注；有钻劲，才有勤奋；有钻劲，才会进步；有钻劲，才会创新。当一个人具备了像钉子一样的钻劲，你把他放在哪儿，都会发光发亮。

04. 绝不轻言放弃

钉钉子的时候，遇到了不平整的表面，或是过于坚硬的东西，钉起来就会比较费劲。工作也是一样，难免会碰见麻烦和困惑，但这些问题并不是无法解决的，只是需要多花费点时间和耐心，还没尝试就放弃，结果只能是失败。

科特·理希特博士曾用两只老鼠做过一项实验：他用手紧抓住一只老鼠，无论它怎么挣扎，都不让它逃脱。经过一段时间的挣扎后，老鼠终于不再反抗，非常平静地接受了现实。随后，他将这只老鼠放在一个温水槽里，它很快就沉底了，根本就没有游动求生的欲望，它死了。当理希特博士将另一只老鼠直接放入温水槽里时，它迅速游到了安全的地方。

据此，理希特博士得出结论：第一只老鼠已经明白，无论费多大劲都无法挣脱理希特博士的手掌，它觉得自己已经没有希望活命了，也不可能改变自己的处境。所以，它选择了放弃，不再采取任何行动。第二只老鼠没有前者的经历，不认为一切都无济于事，相信自己的处境能够改变，所以当危机降临时，它立刻采取了行动，从而幸免于难。

我们不难发现：凡是满怀希望去争取的人，往往都会做得更好；而放弃了希望的人，只能无可避免地走向失败。许多事情没有成功，不是因为构思不好，也不是因为没有努力，而是因为努力不够。

1929 年的一天，一位名叫奥斯卡的人焦急地站在美国俄克拉荷马城的火车站，等待着东去的列车。在此之前，他已经在气温高达 43℃的沙漠矿区工作了几个月，他的任务是在西部矿区找到石油矿藏，可惜努力许久始终没有收获。

奥斯卡是麻省理工学院毕业的高才生，非常聪明，他甚至能用旧式探矿杖和其他仪器结合，制成更为简便和精确的石油探测仪。当他在西部沙漠里饱受风沙之苦时，一个噩耗传来：由于公司总裁挪用资金炒股失败，他所在的公司破产倒闭了。听到这一消息时，奥斯卡心中所有的热情瞬间熄灭，对他来说，没有什么比失业更令人沮丧的了。他没有心情继续留在这里探矿了，随即就到车站排队买票，准备返程。

可惜，列车还要几个小时才能到站，倍感无聊的他为了打发时间，干脆在车站架起了自己发明的石油探测仪。然而，沙漠矿区里一直没有反应的探测仪剧烈地波动起来——车站下似乎蕴藏着石油，且储量极为丰富！这怎么可能呢？心如死灰的奥斯卡不敢相信自己的眼睛，也不敢相信这里会有石油，甚至怀疑是自己的仪器出了问题。失业之事本就搅得他心神不宁，想起自制的探测仪这么久以来都没给自己带来惊喜，偏偏在这个时候出现波动，奥斯卡满腔怒火，大声地吼叫着，踢毁了探测仪。

几个小时后，车来了，奥斯卡扔掉那架损毁的仪器，踏上了东去的列车。时隔不久，业界传出了一个震惊世界的消息：俄克拉荷马城竟然是一座"浮"在石油上的城市，它的地下埋藏着在美国发现的储量最丰富的石油矿藏。

在消极沮丧的状况下，奥斯卡对自己产生了怀疑，对自制的仪器产生了怀疑，最终做出了一个错误的选择，与巨大的成功擦身而过。这足以说明，当一个人认定自己的能力比不上别人，无法获取其他人那样的成就时，他就很难克服前进路上的障碍，从而选择放弃努力和坚持。而放弃，就让他与渴望的结果越来越远。

其实，我们不止一次在上演着类似的悲剧。虽然内心充满了抱负，也思考过、努力过，可遇到了难解的问题时，还是因为身心俱疲、迟迟看不到结果，而丧失了干劲儿，选择了放弃。如果能把眼光放远一点，再多坚持一下，也许就能达到预期的目标了。可惜，对于这一点，我们往往都是后知后觉。

一位世界顶尖的推销培训大师，年轻时去推销房地产，结果一整年的时间，一栋房子都没有卖出去。那时，他已经穷困潦倒了，身上就剩下 100 多美元。就在他萌生了放弃的念头时，公司安排了为期五天的销售课程，他去接受了培训。没想到，那次培训竟改变了他的一生，自那以后，他连续八年成为世界房地产销售冠军。当有人问及他成功经验时，他只说了一句话："成功者决不放弃，放弃者决不成功。"

工作遇到瓶颈，或是行动无法带来想要的结果时，我们都需要休整，中断一段时间或是考虑采取其他行动，这都在情理之中。但休整不是放弃。在休整的过程中，我们需要做的是调整心态，改变策略，逐渐去发现解决问题的切入点。很多时候，你坚持下来了，而别人坚持不下来，这就是你脱颖而出的资本。

05. 坚持再试一次

生物学家做过一次有趣的实验：把鲮鱼和鲦鱼放在同一个玻璃器皿中，再用玻璃板把它们隔开。开始时，鲮鱼兴奋地朝着鲦鱼进攻，希望能饱餐一顿，可每次都狠狠地撞在玻璃板上，非但没吃到鲦鱼，还把自己撞得晕头转向。碰了十几次壁后，鲮鱼沮丧了。

生物学家悄悄抽去了玻璃板，鲦鱼近在咫尺，可鲮鱼却视而不见。哪怕鲦鱼的尾巴一次次地扫过它的身体，它依然没有进攻的欲望。几天以后，鲦鱼因为有生物学家供给饲料，依旧畅快地在器皿里游着，而鲮鱼却已经翻起雪白的肚皮，漂浮在水面上了。

鲮鱼因为多次碰壁，沮丧地放弃了努力，即便之后美食唾手可得，它也没有了尝试的信心，最终饥饿而死。此行为看起来愚钝极了，但生活中的我们又何尝没做过"鲮鱼"呢？遇到一点打击就裹足不前，站在原地，即便事态有了转变，却依然不敢再去尝试。

1892 年夏天，暴风雨席卷美国密苏里平原，很多人因洪水无家可归。一个瘦弱的男孩穿着带补丁的衣服，站在农舍外面的高坡上，看着河水汹涌地漫过河堤，吞噬农田。洪水冲走了他们全家的希望，父亲沮丧地去找一位银行家请求延期还贷，却遭到了拒绝。父亲失望地赶着车，路过一座桥时停了下来，他望着河水久久不动，眼泪横流。男孩紧紧抱着父亲的腿，什么也没说，却给了父亲鼓励和勇气。

不久后，一位演说家到集会上演讲，里面的一段话打动了男孩："一个农村男孩，无视贫穷，甚至不顾眼前的一切而努力奋斗，他一定会成功的。谁将是那个男孩呢？"接着，演说家自己答道："各位，请看看他。"其实，演说家只是随便一指，可男孩却觉得他是在指自己。从那一刻起，他发誓将来也要做演说家。

然而，笨拙的外表、破烂的衣服、残缺的左手食指，让他在很长一段时间里都抹不掉自卑。当他成为师范学院的学生，穿着破夹克走到讲台上时，遭到了同学的耻笑。在口哨声中，他忘记了台词，尴尬地站在台上，不知所措。

接连十二次的演讲失败，让他心灰意冷，甚至对自己的能力产生了怀疑。在一次比赛结束后，他拖着疲惫的身体往家走，路过一座桥时，他望着河水发呆。不知何时，父亲站在了他身后，轻声地对他说："为什么不再试一次呢？"这场景，犹如十二年前的那一幕。

后来，人们每天都会看到一个清瘦、衣衫破旧的年轻人，在河边背诵名言。他很专注，达到了忘我的境界。有一次，附近的农民看到他一边打着手势一边念稿，竟以为碰见了疯子，还叫来了警察。

1906年，这个年轻人以《童年的记忆》为题发表演说，获得了勒伯第青年演说家奖，那一天，他第一次尝到了成功的喜悦。三十年后，他成为美国最著名的心理学家和人际关系学家。在他去世后，人们依然不断地提起他的名字。他，就是被誉为"20世纪最伟大的人生导师和成人教育大师"的戴尔·卡耐基。

今天，几乎所有的美国人都喜欢用这一句话鼓励自己的孩子："为什么不再试一次呢？"卡耐基用自己的行动印证了一个真理：世界上没有所谓的失败，除非你不再尝试。人们感慨卡耐基富有传奇色彩的人生，也受启发于他对待困难的态度。石头很硬，水很软，但我们都看到了，滴水可以穿石，一切都只在坚持不懈。

每个人都渴望在职场中得到赏识，有所建树，但工作从来都不是一帆风顺的事，总会有遇到困境和棘手问题的时候，还可能在努力之后面对惨烈的失败。此时选择了退缩，那就等于前功尽弃，一切归零；选择再尝试一次，多坚持一会儿，可能就会迈过荆棘，柳暗花明。领导看重的人才往往都是敢于再试一次的人，而非知难而退者。这就跟钉钉子一样，一次钉不下去，那就多钉几次；一颗钉子不够，那就多钉几颗，总会有满意的时候。世界重量级冠军詹姆士·柯比说过："你要再战一回合才能得胜。碰上困难时，你一定要再战一回合。"

从事营销的人大都知道，每一位业绩赫赫的经理人，都是有韧劲的人。少了这股子韧劲，根本做不了销售。你经常要面对客户的拒绝，每一个"不"字都是一次打击，如果在"不"字面前止住脚步，不敢再往前走，那就永远不会有听到"是"的那一天。

登一座高山，最难的不是开始的几千米，而是即将登顶的几十米，甚至是几米；从沙漠中走出的幸存者，不是跑得最快的人，而是坚信自己能活着走出去，且朝着一个方向坚定地走下去的人。工作如攀登高峰，亦如在沙漠中找寻解决问题的出口，势必会有阻碍，当你多次努力尚未达到理想的目标时，应当拿出勇气再试一次！往往，仅仅就是多出的那一次，就会让你和平庸者拉开距离。

06. 屏蔽干扰，保持专注

多年前，美国的一位商人招聘伙计，在橱窗口贴了一张特殊的广告："招聘一个能自我克制的男士，每星期4美元，条件优秀者可拿6美元。"一时间，附近的人们开始讨论"自我克制"是什么意思呢？还从未看到过这样的招聘条件。

不少求职者带着好奇心来商店面试，而他们都要经过一个特殊的考试。

"会阅读吗？年轻人。"

"没问题，先生。"

"你能读一读这段话吗？"商人把一张报纸放在求职者面前。

"可以的，先生。"

"你能一刻不停顿地朗读吗？"

"没问题。"

"好，跟我来。"

商人把应聘者带到自己的私人办公室，关上了门。他将报纸递到求职者手中，上面印着刚刚的那一段文字。阅读一开始，商人就放出了几只可爱的小狗，小狗围在求职者的脚边。年轻人没有经受住诱惑，不禁把目光移到小狗身上。由于视线离开了报纸，他忘记了自己刚才答应过商人的话，要一刻不停顿地朗读，结果就出了差错。显然，他失去了工作的机会。这样的求职者，商人一共经历了70位。最终，只有一位小伙子不受诱惑，一口气把那段话读完了，商人非常满意。在面试过后，他们之间进行了这样一段对话。

商人问："你在阅读的时候，没有注意到脚边的小狗吗？"

小伙子说："是的，先生。"

"我想，你应该知道它们的存在，对吗？"

"是的，先生。"

"那你为什么不肯看它们一眼呢？"

"我答应过您，要不停顿地读完这段话，我不会轻易转移目标，放弃阅读的。"

"你总是这样信守承诺么？"

"是，我会尽最大努力去做，先生。"

商人兴奋地说："你正是我要找的人！明天早上七点钟，你就过来上班吧！你每周的工资是 6 美元。我相信，你会是一个有前途的人。"

这件事如果发生在当下，被淘汰的人依旧不在少数，它的本质是在强调：工作中应当集中注意力，排除一切干扰，专注于所做的事。我们经常会看到，很多员工在上班时开着 QQ、微信、淘宝，手机铃声还不时地响起。电子时代，人与人之间的联络变得轻松便捷了，但也带来了精力分散、工作效率低的弊端。每天八小时的工作时间里，思路总是被细碎的事务打断，再重新拾起来，都要花费时间和精力，这样一来，自然就得靠加班加点来完成。

的确，精力不集中、分心开小差，几乎成了职场人的通病。一家知名的招牌网站，曾经对 8000 名职场人做过一项调查，结果显示：有近

70% 的人在工作中会不停地放下手里的事，自行分散注意力；有 30% 的人表示，一旦注意力被打断，就要花很长的时间才能重新集中。巴塞克斯研究公司证实，我们每小时要被打断 11 次，这些干扰占据了我们工作时间中的一个半小时。为此，我们付出的代价是什么呢？《纽约时报》称，每个员工每年少创造 1 万多美元价值，除了金钱上的损失以外，还会因为压力增加而搭上健康。

这就是我们前面说过的，工作的任务是固定的，耽误的工作时间，总要用娱乐和休息的时间来弥补，结果就导致睡眠不足、压力骤增。上班时间分心走神，一个看似不起眼甚至容易被忽略的习惯，可能就是平庸与优秀的分水岭。

不重视工作时间与效率，不能专注地做事，养成闲散急慢的陋习，会错失很多被重用的机会。那些纵横职场、在工作中脱颖而出的人，都是带着使命感去工作的，他们不会在公司里做任何与工作无关的事，通常都是提前进入工作状态。

一家文化公司的创意总监，在分享工作技巧和心得时说，她的电脑桌面上除了一个工作的 QQ，没有私人微信、论坛、购物等界面，就连私人电话都很少接听。她很反感在工作时被其他事情干扰：这样会打断工作思路，影响工作的状态。那么，如何才能够摒弃干扰，在工作中保持专注的状态呢？

1. 把精力放在一件事上

贪多嚼不烂，话糙理不糙。我们总是恨不得一下子完成所有的工作，通常到最后，哪个都做不好。很多人不是输在能力不足上，而是把能力分散到太多的地方，要杜绝这种情况的发生，就得给自己制定一个行动计划：在某一个时间段专攻一件事，这样会更有效率。

2. 制定一个清晰的目标

上面提到，在一段时间内专攻一件事，此时你要明确：这一段时间，你需要完成多少任务？有没有一个时限？要达到什么样的程度？有目标的话，会更有动力，也会在逐渐靠近目标时，增加成就感。

3. 确保专注时间无干扰

无论用什么样的方法，确保自己在专注的工作时间内不受干扰，让周围人避开这段时间联系你。如若无法保证能在现有的工作环境中不被打扰，那可换一个地方来完成这个时间段的任务。如非必要，断开网络、关闭社交软件，是一个很好的选择。没有干扰，才能减少分心，更容易钻进工作中。

任何的成功都离不开强大的自制力。把有限的时间、精力和资源都聚焦到工作上，聚精会神、心无旁骛，排除一切杂念和杂事的干扰，仅这一个习惯的改变，有时就足以改变一生。

07. 把一件事做彻底

细节的最高境界是追求完美，在这个过程中你要做的就是比对手多走一步。提到成功，多少人想到的都是鲜花簇拥、万人瞩目。其实，对大众来说，一辈子能把一件事情做好，接手一件事就把它做透，何尝不是另一种成功呢？很多时候，我们总是事事都想做，却事事都没做好，正是这种浅尝辄止导致了平庸。

2014 年，JEEP 推出的全新广告宣言，非常打动人：把一件事做彻底！品牌代言人王石、冯小刚、胡歌共同进行理智与情感的心灵对话，告诉你理智与情感可以达到默契统一的关系。在广告片的最后，克莱斯勒（中国）汽车销售有限公司总裁兼总经理郑杰女士亲自出镜，点破广告的主旨："感觉说，人生短暂，就要活彻底；理智说，像 JEEP 一样，73 年把一件事做彻底。"

作为一个品牌，JEEP 是很成功的。世界上第一辆 JEEP 是 1941 年诞生的，当时是为了在"二战"中满足美军的军需。70 多年来，JEEP 品牌一直提供众多引导潮流的先锋车型，在汽车领域率先定义了运动型多用途车的细分市场，它真正做到了"将一件事做彻底"。

现代社会，个人也是一种品牌，如果都能像 JEEP 一样，专注一件事，就一心要把它做透，那么成功自然不会太遥远。可惜的是，当下不少年轻人，到了 30 岁依然在不停地跳槽，看起来好像活得很洒脱，其实对事业的发展很不利。

一位画家，三年前检查出患了癌症。所幸，他心态很好，一直积极配合治疗，坚持有计划地锻炼和作画。三年来，他举办了十几次个人画展，获得多项大奖，见人总是笑盈盈的。有朋友问他："你是怎么做到的？"画家没有直接回答，而是给朋友讲起了往事：他读中学时很顽劣，有一次因为连续几天旷课，被学校记过处分，还通知了家长。父亲得知此事后，没有骂他，而是在晚饭后，拿了一个塑料漏斗和一捧玉米种子，给他做了一个实验。父亲把双手放在漏斗下面，然后捡起一粒种子投入漏斗，种子很快就顺着漏斗滑到他手里。父亲连续投了十几次，手里就有了十几粒种子。之后，父亲抓起一大把玉米粒投到漏斗里，狭窄的漏斗缝隙被玉米粒挤住了，一粒也没掉出来。

父亲对他说："这个漏斗就像你，如果你每天能做好一件事，每天你就会有一粒种子的收获和快乐。当你想把所有的事情都挤到一起来做，最后可能什么都得不到。"这三十多年来，他一直记着父亲那天晚上说的话。

人生的目标可以是远大的，但每天的目标却必须是细致的。成功不是偶然，是把小事做细，把细事做透，积累而成的结果。具体到工作中，怎样才算是把一件事情做透呢？

X是学设计出身的，经验丰富，前几年跟另外两位同事一同参加内部选拔，争夺集团设计总监的职位。当时，老板交代的任务也挺有意思，就是搜索别墅图。X在工作上有一个习惯，要么不做，要么做透。别的同事搜集了50张，100张，至多500张。X通过各种渠道，借助国外朋友的关系，在国内外的网站上一同搜索，最终搜集到5万多张，包括欧式别墅、中式别墅、韩式别墅等，从中挑选出200张打印出来给老板。老板看到那些图片，顿时震惊了，直接把设计总监的职位交给了X。

搜图是一件很简单的事，可真要把它做到最好，却不容易。有的人只能搜到几百张杂乱无章的图，渠道就是常用的搜索引擎；而X却能找到上万张图，且发动了国内外的朋友。这是智商的问题吗？显然不是，这是对工作精益求精的态度和对细节的钉子精神。抱着马虎凑合的心态，最多就找到几百张，但若想把这件事做彻底，做透了，没有一点执着的劲头，是不可能做到的。

《财富》杂志世界500强企业的排名中：能源类第一名是杜克能源

公司，炼油类第一名是英荷壳牌石油公司，物流运递类第一名是 UPS 公司，它们分属于不同的领域，但都有一个共同之处，那就是专注于一个产业，力求将其做透，锻造自己的核心竞争力。就像 UPS，从成立到现在，历经多年，它只做了一件事：用最快的速度把包裹送到客户手里。

任何行业都是博大精深的，都值得花费一辈子的精力去钻研和深究。任何一个大师、巨匠，都只是他所处领域内的佼佼者。做一件事情，不能只求合格，要本着精通的标准去努力，哪怕只是一项微不足道的手艺，也得争取比其他人做得都好。只有"人无我有，人有我精"，才算真正具备了个人的核心竞争力和不可替代的价值。

要把一件事彻底做透，没有什么捷径，就是反复再反复地检查和完善细节，不厌其烦地追求更好，要付出比常人更多的努力，用超过别人数倍的时间去打造每一个环节。当你重复去做的那件事的品质，已经超过了这一行 95% 的人时，你就成功了。

正所谓："心心在一艺，其艺必工；心心在一职，其职必举。"把一生的时光与精力、一生的思维与智慧、一生的执着与追求，都用在所从事的工作上，把每件事都做到极致，必会看到一个脱胎换骨的自己，和一份前途光明的事业。

08. 一生做好一件事

一位聪明勤奋的晚辈，曾经在三年的时间里，同时准备考下会计证、中文自考和律师资格证，他还在象棋方面下了不少功夫。他天

资聪明，这是公认的事实，这几项目标他都实现了，象棋也学得不错。可惜的是，这些并没有让他的职业发展变得顺利。他平日马马虎虎，做会计会算错账；性格内向的他，从来不喜欢与人辩论，这对于做律师来说也是硬伤；文学和象棋都是他的业余爱好，根本发展不成职业。

三年过去了，他看似学到了不少东西，但也因为把大量的时间和精力投入如此多的事情上，导致他的本职工作受到了影响，领导对他的态度和业绩很不满，他随时都有被解雇的可能。事后，他反省说，自己不懒，就是太贪，想把所有的事情都做好。如果把所有时间用于一件事上，一件正确的、需要的事情上，结果会比现在好得多。

爱迪生在回答"成功的第一要素"时，如是说："能够将你身体和心智的能量锲而不舍地运用在同一个问题上而不会厌倦的能力……你整天都在做事，不是吗？每个人都是。假如你早上 7 点起床，晚上 11 点睡觉，你做事就做了整整 16 个小时。对大多数人而言，他们肯定是一直在做一些事，唯一的问题是，他们做很多很多事，而我只做一件。"

人的精力是有限的，总想着什么事都做好，往往会一事无成；专注地做好一件事，就能从平凡到卓越。道理很简单，就像我们钉钉子，小小的钉子不起眼，可它能钻进木板和砖墙里，原因就是它把所有的力量都集中在了一个点上，垂直用力。做事与之相通，认清目标，集中全力，不徘徊、不犹豫，坚持到底，定能有所收获。

肖沐从地质大学毕业后，经导师推荐去了一家矿物研究所工作。这里的同事大多是硕士和博士学历，唯有肖沐是本科生。这份工作挺枯燥的，工作两个月以后，肖沐就发现不少同事都敷衍了事，随意糊弄。空闲时，有人做代购，有人炒股，或是干脆娱乐享受，研究所的工作节奏很慢，经常是几个月下来都没什么进展。

这样的环境很容易消磨人的意志，庆幸的是，肖沐是一个很踏实的人，心里有主见。他没有受到同事的影响，每天扎扎实实地钻研业务，同事们出去吃喝玩乐的时候，他经常独自在办公室里琢磨问题，或是在实验室里做实验，详细记录着数据。同事偶尔劝他，别那么较真，差不多就行了，有些事情一时半会是做不出来的。对这样的"劝告"，肖沐只是笑笑，依旧"我行我素"。他的业务水平提升得很快，半年多以后，他负责的一个项目就出了成果，不仅在一家专业杂志上发表了有影响力的论文，还给研究所申请到了项目基金和补贴。

年纪轻轻就做出这样的成绩，肖沐并没有骄傲，他知道科研的路很长，这只是一个开始。他和从前一样，不断地钻研，做读书笔记，在实验室里反复进行着实验，攻克了一个又一个难题。到30岁的时候，肖沐已经成了这个领域的知名人物，在所里的职位也得到了提升。

英国著名作家塞缪尔·斯迈尔斯说："如果一个人集中所有的精力和心志去坚持不懈地追求一种值得追求的事业，那么，他的生命就绝不可能失败。"成功向来与见异思迁、摇摆不定的人无缘，钻进一个领域，把所有精力倾注于此，才能慢慢发展成精专型人才。那些年薪百万的职业经理人，就是凭借在某一领域高出同行一大截，从而比普通员工更有价值。有一个词语叫"聚焦"，就是把主要的精力和时间聚焦在某一领域、某一件事上，形成自己的核心竞争力。人一生不必苛求自己做出多少成就，单只把一件事情做好，就是很了不起的事了。任何行业都有出类拔萃的人物，不是非要紧跟热门行业才有前途，不管你是行政文员，还是出纳会计，或是媒体运营，从你脚下的土地深挖下去，都有可能挖出泉水。越是贪多，越是浮躁，挖一下换一个地方，到最后越容易两手空空。

社会不乏有才能的人，真正缺少的是用心专一的人。在物欲和名利的诱惑下，很多人都忘了什么是脚踏实地，也忘了循序渐进的法则，总在反复地折腾，以为机会遍地都是。事实上，人一辈子所做的事情中，很多活动都只是铺垫，真正起决定作用的只有几次。当你认准了一件事，抓住了一个机遇，再难也不放手，很可能完成了这件事，就奠定了你一生的价值。"一生做好一件事"，这个标准看似不高，但真能把一件事做透、做精、做到极致，却是很不简单的。

经典名著《飘》的作者玛格丽特·米切尔，一辈子的著作很少，算是"产能"很低的作家了，可那又如何呢？她在文坛上的地位，是多少不入流的高产作家难以企及的。她一生都遵循着父亲的忠告："每一件事都要认真地做到最好。人生不一定要做很多事情，但是，至少要做好一件事情，因为质量远比数量来得重要。"

生命是短暂的，精力是有限的，工作需要的不是"万事通"，也没有人真的能像搜索引擎一样，无所不知。要区分和去掉那些不重要的事，抛却什么都想做的贪欲，专注去实现一个目标，挖掘生命的深度。唯有如此，事业之路才会越走越明朗。

第二章

‖

执行力的关键在于落实

01. 落实贵在行动

法国前总理若斯潘在就任宣誓时，称自己的执政原则是：我说我做过的，做我说过的。这句话对落实做了精辟的概括。

人的处事行为基本上可以分为以下几类：先做后想，先想后做，边想边做，只想不做，只做不想，不想不做。你要清楚地知道自己属于哪一类人。

琴纳是英国著名的医学家，他发明的接种牛痘法让无数病人脱离了病痛，走向新生。这一项改写人类疾病史的发明，是琴纳无意中受到一个现象的启发，反复研究多年才获得成功的。

天花是一种很容易传染的疾病。因感染天花死亡的人成千上万，即使有幸存者，也会在脸上留下丑陋的疤痕。作为一名医生，琴纳眼看着天天有人死亡，却帮不上一点忙，心里感觉很痛苦。一次，政府让各地医生统计一下当地因天花死亡的人数。琴纳去统计时才发现，几乎家家都有得天花的，但奇怪的是，在农场挤牛奶的姑娘却没有死于天花。

琴纳就问挤牛奶的姑娘："你们感染过天花吗？奶牛感染过天花

吗？"挤牛奶的姑娘告诉他说："牛也会感染天花。感染后，牛身上也会起一些脓包，叫牛痘。我们在为牛挤掉脓包的时候，也会被传染，生一些脓疮，但是并不严重，一旦恢复正常，就不会再感染天花了。"

琴纳由此发现，凡是感染过天花的人就不会再被感染。他想，或许是因为人在感染过天花后，体内产生了抗体。如果从牛身上获取牛痘脓浆，接种到人身上，使接种的人也像挤牛奶的姑娘一样患轻微的脓疮，恢复后不就再也不会感染天花了吗？

琴纳把这个方法告诉了一位母亲。这位母亲只有一个 10 岁的儿子，并将其视为掌上明珠。为了防止儿子被天花感染，她请琴纳为自己的儿子接种牛痘。当时正好有位挤奶的姑娘感染了牛痘，他从姑娘身上的脓疮中抽取了一些脓移植到少年身上，少年在开始的时候有些发烧，但后来就恢复了健康。

琴纳为了弄清楚少年会不会再次感染天花，他又冒着风险，把天花病人的脓移植到他身上。事实证明，少年没有被再次感染。琴纳为了能让更多人早日脱离病痛的折磨，就把这个方法做成小册子发表，但人们并不接受他的好意，到处流传着各种不利于他的言论，有人甚至还嘲讽说："如果把牛痘的脓移植到人身上，那么人的头上一定会长出双角，并发出哞哞的叫声。"

当琴纳听到这些冷嘲热讽时，很平静地说："这是我的理想，并且关乎着千万人的生命，无论结果如何，我都不会放弃。"然后继续不分昼夜地进行他的研究。后来他终于证明了自己的方法切实可行：如果把得天花的人的脓移植到牛身上，牛就会得牛痘；如果把牛身上的脓移植到人身上，则可以免疫，而且绝对安全。

　　或许时间是检验真理最好的方法。琴纳用了 20 多年的心血和努力得出的结论，终于被世人承认了。人们慢慢开始接受牛痘接种，后来，欧洲乃至整个世界都接受了牛痘接种法。琴纳成为人类当之无愧的救星！

　　个人的发展是个艰苦的过程，充满荆棘和坎坷，但这都不是不成功的借口，真正将计划落到实处，就没有克服不了的困难。有的人遇到困难就退缩，不去落实；有的人越是遇到困难就越能坚决落实，勇往直前。哪种人会成为成功的宠儿？相信每个人心中都已经有答案了。如果只有梦想不去落实，那梦想将永远只是个梦想。天上不会掉馅饼，这是必须接受的事实。在市场竞争空前激烈的今天，如果没有把落实放在行动上，就会被对手抢得先机，使自己处于被动的地位。

　　著名手机生产商摩托罗拉就曾因落实不到位而让对手获得先机，例如，2002 年彩屏手机热销，摩托罗拉却未能大批量生产，致使部分市场份额拱手让给了三星公司。

　　在竞争中，这样的案例数不胜数。落实不到行动上，或落实不到位，就会给对手留机会。反过来说，如果能够落实到行动上，必然比对手抢先一步，那样劣势就可能变为优势，赢得意想不到的机会。

　　2002 年，华为公司的几名员工受莫斯科一家运营商的邀请来到莫斯科，他们要在短短的两个月内，在莫斯科开通华为公司第一个 3G 海外试验局。这家运营商并不止邀请了华为公司一家，之前还邀请了一家实力比华为公司更强的公司，也就是说，华为公司的员工是应邀前去调试的第二批技术人员。

　　如此一来，他们就和第一批技术人员形成一种"一对一"的竞争关系。由于实力不如别人，开始时莫斯科运营商对他们并不是很重视，不仅没有给他们提供核心网机房，甚至不同意他们使用运营商内部的传输网。

因为缺乏基础设施，所以很难展开工作。华为公司的员工因此感到压力很大，但是他们一直在思考怎样才能做得更好，以赢得运营商的信任。恰巧这时第一批技术人员在业务演示中出现了一些小漏洞，引起运营商的不满。为了弥补这些小漏洞，运营商决定将华为公司的设备作为后备。华为公司的几位员工看到机会并且紧紧抓住，夜以继日地投入到工作中，把落实放到行动上，最终向运营商完美地演示了他们的3G业务。运营商在看完演示之后，禁不住竖起大拇指，立刻决定将华为公司的3G设备从备用升级为主用。就这样，对手的失误和落实没到位给华为公司创造了机会。

华为公司的员工将落实放在行动上的工作作风值得肯定和学习，他们遇到问题就去落实，并且把落实放到行动上，而更让我们反思的是：在竞争中输给华为公司的那家公司，由于在演示中工作不到位，导致被华为公司抓住机会并赢得项目，而自己之前所有的努力都白费了，这正是"落实没有放在行动上"的真实写照。

02. 百分百地全力付出

无论你从事的是什么职业，如果能在工作中怀着一种敬业的精神，投入百分之百的精力，全力以赴，追求卓越，就一定会取得事业上的成功。

1950 年 7 月的一天，在纽约市的一个热闹街区，出现了一个年轻人的身影。

年轻人脸色憔悴，他的衣服和鞋子都破旧不堪。显然，他走了很长的路。他其实是在找工作。他生在贫民窟，家里还有好几个兄弟姐妹要养活，日子过得很艰难。所幸他还年轻，有的是力气。他会在卡车司机联合会大楼前打一些零工，但是这样的机会并不是很多。所以他决定去找一份稳定的工作，赚点钱，来补贴家用。

但是他已经走了好几个街区了，还是没有人愿意雇用他。虽然有些泄气，但他仍抱着一丝希望四处张望着。前面有一大群人，踮着脚，伸长了脖子，使劲地看着墙上贴着的一张招工启事。原来百事可乐公司要招聘一名工人，工作内容就是清洗机器上黏稠的糖浆。大家都在观望，没人去应聘，他们只想看看，到底哪个傻瓜愿意去干这种既费力、报酬又低的工作。

他毫不犹豫地报了名。这种工作很辛苦，一会儿要跪下，一会儿要蹲着，一会儿要弯着腰，但是他不怕，他细心地把机器擦拭得非常干净。

有一次，有个工人开着装卸车不小心撞碎了 20 多箱饮料，弄得满地都是黏糊糊的。虽然很生气，但他还是用了整整一个晚上的时间把地板擦干净了。

老板看到了他完美的工作表现，除了多付给他一些酬劳外，还特地请他下次再来工作。

后来，他参了军，上了战场。再后来，他又上了军事学校。无论是学习，还是工作，他都非常拼命。

天道酬勤，就是凭着这股子拼劲，他肩膀上有了两颗将星，他是晋升到如此高层的为数不多的黑人军官之一。后来他又出任了美国安全顾问，两任总统的参谋长。冷战结束后，他又接手了美国的军队。1991年，他运筹帷幄，在海湾战争中大获全胜。1993年，他从军界退休，成为世界所熟知的草根领导人之一。

他就是美国前国务卿柯林·卢瑟·鲍威，他能从一个洗机器的工人做起，一步步走到了今天，绝对不是偶然，而是他百分百付出的结果。

从柯林·卢瑟·鲍威身上，我们似乎能得到一点启示，与其说他的成功是努力得来的，还不如说他把目前的工作落实到位，尽力做到了完美更为贴切。当然，在我们的工作过程中，任何人都要面对这样的事实：无数的工作障碍和壁垒像一座座不可逾越的山峰，阻碍着工作的落实。在这种情况下，只有全力以赴才能突破阻碍，从而高效率地落实工作。

休斯·查姆斯在担任美国国家收银机公司销售经理一职期间，遇到过非常糟糕的情况：外界传言该公司发生了财政危机，在外的销售人员听到此消息后便失去了工作热情，销售量随之开始下跌。情况愈演愈烈，以致销售部门不得不召集全体销售人员召开会议。

会议召开时，休斯·查姆斯先请了几位最佳销售人员说明销售量下跌的原因，这些人都各自有着困难：商业不景气；奖金减少；人们都希望等到总统大选揭晓以后再买东西……当轮到第六个销售人员开始列举使他无法完成正常销售配额的种种困难时，查姆斯突然做出了一个让大家都感到吃惊的举动，他跳到桌子上喊道："停！我命令大会暂停10分钟，让我把我的皮鞋擦亮！"接着，他让坐在附近的一名黑人小工友把他的皮鞋擦亮。

在场的所有销售人员都觉得很吃惊，就在大家窃窃私语时，那位黑人小工友已经擦亮查姆斯的第一只鞋子了，然后又擦另一只鞋子，他不慌不忙地擦着，表现出良好的擦鞋技巧。

一会儿工夫，皮鞋被擦得亮亮的，查姆斯给了小工友一笔钱，然后开始发表他的演说："我希望你们每个人好好看看这个小工友。他可以在我们整个工厂及办公室内给人擦鞋。他的前任是位白人小男孩，年纪要比他大很多，尽管公司会给他 5 美元的薪水补贴，并且工厂有数千名员工，但是他从这个公司赚的生活费仍然无法维持他的生活。而这位黑人小工友却能够赚到相当不错的收入，不仅不需要公司每周补贴薪水，自己还可以存下一点钱来。你们说这是谁的错？"

那些销售人员异口同声地说："那个白人小男孩的错！""就是这样。"查姆斯说，"你们现在推销收银机和一年前的情况完全相同，但是，你们的销售成绩却远比不上一年前，这是谁的错？"同样又传来了如雷般的回答："当然是我们的错！""我非常高兴你们能坦率承认自己的过错。"查姆斯继续说，"我来告诉你们，你们的错误在于听到有关公司财务陷入危机的谣言，从而影响了你们的工作热情，所以，你们不如以前那么努力。现在，你们回到自己的销售区后，保证在之后的一个月内，每人卖出 5 台收银机，那么，公司就不会存在什么财务危机了，你们认为呢？"

大家都非常愿意听从查姆斯的安排，在接下来的工作中，那些商业不景气、奖金缺乏等借口统统消失了。每个员工的心中都保存着一个尽力擦皮鞋的黑人小男孩的身影，这个身影一直激励着他们，每当遇到困难，他们会先反思自己是否全力以赴，是否投入了百分之百的努力。结果可想而知，每个员工都成为商场上的强兵猛将，工作落实都非常到位。

对于员工来说，全力以赴意味着什么？那就是自动自发、竭尽一切去努力。只有在工作中全力以赴，才能体现你强大的落实力，才能取得骄人的成绩。**无论你处于何种位置，从事何种工作，都必须要有一丝不苟的敬业精神和严谨的工作作风，全力以赴去做好，这样你才称得上是一个合格的落实者。**

03. 结果是检验落实的标准

工作要的是结果，结果是一切工作的要务，任何规则和程序都必须服从和服务于结果。在工作落实中，如果认为仅仅完成任务就行了，那么，你永远也落实不了。只有做出结果，才是真正的落实。如果能够做到以结果为导向，无论完成的过程多么艰难，最终落实的概率都会很大。

作为一名员工，在工作中一定要树立"以结果为导向"的工作理念，要想方设法去保证工作的落实，为公司创造效益。如果是客观原因，那我们无能为力；如果是因为我们自身的悲观判断就选择放弃，那等于是自毁前程。

在美国有一个被广为流传的故事，至今还叫人津津乐道。有一年，加州爆发了淘金的热潮。很多人认为这是一个发财的好机会，纷纷从各地奔赴加州，加入了淘金大军。年仅17岁的亚墨尔为了让自己生活好过一点，千里迢迢地来到了加州这块令人狂热的土地上。

虽然淘金的梦是美好的，但一旦有无数人做着相同的梦的时候，现实就给人们展开了残酷的一面，加州随处可见日夜挖掘不停的淘金者，金子自然是一天比一天难淘。

一段时间后，这些淘金者花光了所有的积蓄，也失去了基本的生活保障，再加上当地气候干燥，水源奇缺，有很多淘金者都身患重病。那里的医疗条件差，致使很多患者得不到有效的治疗，带着无限遗憾，客死他乡。

亚墨尔虽然每天很卖力地挖掘金子，但可惜的是，命运之神并没有眷顾他，他和大多数人一样，没淘到一块黄金，反而饱受饥渴的折磨。

一天，日渐消瘦的亚墨尔愁眉不展地望着水袋中的最后一点水，听着其他人对缺水的抱怨，他突发奇想：想要淘到金子简直比登天还难，我还不如卖水呢！

说干就干！亚墨尔一扫往日淘金失败的阴霾，将手中用来淘金的工具变换成了挖水渠铁锹。挖了一个储存水的池子，将远方的河水通过水渠引到水池中，然后运用一系列方法将它过滤后，就变成了清凉可口的饮用水。从此以后，亚墨尔就背着水，将它们一壶一壶地卖给淘金者。

当时很多人都嘲笑亚墨尔胸无大志：千里迢迢跑到加州，不挖金子，却干起了这种人人不屑干的工作，卖水到哪儿不能卖，非要到这里卖？但是亚墨尔听了这些打击的话，并没有在意，一如既往地卖着他的水。最后，在大多数淘金者都不得不垂头丧气地打道回府的时候，而亚墨尔却依靠卖水净赚了几千美元，这在当时是一笔巨款了。

在追逐落实主要目标的过程中，会衍生出很多次要目标和机遇，当大家都在哄抢第一目标的时候，我们去落实第二个目标也是明智之举。同样的道理，这也揭示了职场中的一个基本道理：落实一定要有结果。

在工作中，很多员工只知道去完成工作任务，却不重视工作的最终完成情况。他们也在努力工作，早上唱着"早起的鸟儿有虫吃"去上班，晚上还自觉主动地加班，耗费惊人的时间和精力来做工作，最后却落得个投入巨大但效果不佳、意义不大乃至做错事的下场。如果工作中以结果为导向，那么这样的局面就不会出现。因为有了预期的结果，工作起来就会有明确的目标，就会灵活应变，行动迅速。过程是为结果服务的，没有结果，过程自然就失去了意义。只有先考虑了结果的要求，才能做到以结果为导向，否则就只能是一句空话。

一个员工工作是否落实到位，就看他是否遵循从以结果为导向的要求。那么，我们应该如何以结果为导向呢？

——要有一个结果性的目标

结果性的目标是以结果为导向的一个重大要素，如果能把这个目标写成书面的一个承诺，结果是最好的。这种做法体现了员工对自身的一种比较严格的要求，就算不能在预定的时间内完成任务，至少差距也能够一目了然。

——站在结果的角度去思考问题

站在结果的角度去思考问题是以结果为导向核心强调的一点。因为只有先考虑结果的要求，才能做到以结果为导向，不然这就是一句空话。具体来说，"结果导向"包括以下内容：以达成的目标为原则；以完成的结果为标准；在具体结果面前，只有成功，或者失败；在结果导向面前，不要轻易放弃，因为放弃就意味着失败；在目标面前没有体谅和同情可言，所有的结果只有一个——是或者否；在工作和目标面前，没有"人性"可言，再大的困难也不能退缩。

——动起来是前提

假如，让你负责一个组装的项目，如果某个环节缺少一样东西，在这种情况下，语言描述哪里缺了什么东西是很难说明问题的，最好通过结果导向，直接来分配、组装，完整地演示一遍。很多项目都需要采用实实在在地演示这一方式，其实这也是结果导向的一种思维方式。

——做事不要过于追求完美

工作永远不可能达到完美的境地，只有做得更好，没有最好。在这种情况下，如果再去追求完美，就等于拖延了整个的时间进度。对于公司来说，能按时拿出结果，比拖延时间拿出一个更好的、所谓的完美的结果来得更重要。当然，这并不是说我们不要完美甚至排斥完美，这只是特殊情况下的特殊策略。

总之，落实不仅仅是完成任务，而是追求结果。我们真正需要的是结果，结果是目标，行为是手段。追求结果，永远是落实的根本主题。在实际工作中，结果永远是第一位的，要想有所成就，不仅要认真尽责，还要以结果为导向，时刻检查自己的工作结果，直到比预期还要好。

04.坚持学习才能保证落实到位

在激烈的竞争中，要想确保工作落实到位，很大程度上依赖于知识的积累。企业要想获得良好的发展，必须不断地为自己充电。一个成功的企业是能够有效学习的企业。

知识就是未来的资本，学习意味着准备接受不断的变革。如果企业是一个有生命的个体，那么，该个体所做出的行为决定则来自一个学习的过程。

中国计算机行业的骄子——联想，就是因为善于学习才使自己变得更加出色。

创业初期，联想从与惠普的合作中学到了市场运作、渠道建设与管理方法，学到了企业管理经验，这些对于联想成功地跨越成长中的管理障碍大有裨益；现在，联想积极开展国际、国内技术合作，与计算机行业内众多的知名公司，如微软、惠普、英特尔、东芝等，都保持着良好的合作关系，并从中获益匪浅。

在每一次合作中，联想都能做到以我为主，积极消化、吸收国际最先进的技术，学习国际性大公司在技术、产品开发、生产管理、组织管理以及市场运作等多方面的管理经验和科学方法，并能创造性地加以运用，带动自身管理水平的不断提高。除了向合作伙伴学习外，联想还积极向竞争对手和顾客学习。只要对方身上存在值得学习的地方，联想都会虚心学习。

如今，联想已成为中国计算机行业的"领头羊"，其一举一动都已成为别人关注的焦点，同时，有些公司对于联想来说似乎没有什么值得学习的地方，但联想人并不因此而目空一切，傲气凌人。他们清醒地认识到，虽然联想在中国取得了市场占有率第一的成绩，但总体份额还不高，竞争对手还很强大。因此，联想本着海纳百川的宽广胸怀和谦虚好学的态度，积极向同行的优秀企业学习，"边打边学"，积累了大量的经验。

从联想的成功，我们可以看到：企业只有积极主动地去学习，才能使整体绩效获得大幅度提升，企业中的成员才能快速成长。因此，企业必须注重学习，积极带动全体员工进行不断地学习。

而作为员工的你，若是整天待在公司里，无所事事，没有坚持学习，也没有在工作中学习，即使你曾经是公司元老级的员工，就算你的学历再高，老板也会为了公司的利益将你扫地出门的。如果你想继续赢得老板的信任和青睐，唯一的办法就是继续学习。

皮特对自己目前的工作有几百个不满意，他经常对朋友倾诉："我的老板从来不看我一眼，太过分了，要是真惹我生气了，我一定拍他桌子，给他点颜色看看，然后辞职不干。"

朋友问他："你把公司的业务搞明白了吗？业务流程你都能做下来吗？"

皮特摇了摇头，不解地望着朋友。

朋友听了，给了皮特一个建议："君子报仇十年不晚，我要是你的话，我一定把公司业务搞明白，最起码要担任一个小头目再辞职。那样，老板的损失会更大。"

皮特听了，不由地赞叹道："是啊！你这个主意确实不错。在公司

或许，单看树的每个枝条是相互独立的，
回到根部，源头就是"一"

学习不仅是免费的，而且多少还有一些工资，又能出这口恶气，何乐而不为呢？"

从此以后，皮特变得爱学习起来了，业务上有什么不懂，遇到谁就上去虚心请教，下班之后，他还会留在办公室，偷偷揣摩老业务员的工作报表。

一年之后，那位提建议的朋友遇到皮特，问道："你现在什么都学会了，这下可以拍桌子走人了吧？"

但是，皮特却笑着说："可是这几个月以来，老板看到了我的表现，开始对我另眼相看了，除了频频给我加薪之外，还真给了我一个职务，我已经是公司的红人了！"

"这是我早就料到的。"朋友拍了拍皮特的肩膀说，"当初你的老板不看重你，是因为你能力不够，还不懂得去学习；后来你为了'报复'老板，开始用心学习，工作能力不断提高，老板自然会重用你。"

在公司里，与其老板看重你，不断给你坐冷板凳，还不如好好反省自己，不断提高自己的工作能力！

不主动去学习，能力自然会停滞，甚至还会丧失原来的能力。能力不仅仅是针对书本上的知识，还是工作经验、人生的阅历的叠加产物，以及学习他人长处，弥补自己短处的虚心，只有这样，才能不断地充实和完善自己。**随时为自己"充电"，用知识丰富想象，善于灵活运用所掌握的知识去参与竞争，提高自己的工作效率，只有这样才能使工作更快、更好地落实到位。**

05. 落实要讲质量

在落实工作时，有一点必须要牢记：落实工作要认真，不能马虎，必须提高工作的质量。在现实生活中，常常有很多这样的人，无论是在生活上还是在工作中，表面看起来是做了很多工作，可是却没有一项工作是合格的。

在工作的过程中，质量对员工和公司的重要性不言而喻，公司不断发展壮大，需要员工的工作质量，员工要想证明自己的能力，也需要通过工作的质量。若是工作没有质量，一切都免谈。

田娜无论如何也想不明白，自己工作这几年来，不论在哪个公司、做什么工作，每到年终考核的时候，自己总是毫无例外地成为被炒鱿鱼的倒霉鬼。而和自己是同时进入公司的、学历也不相上下的高娜，她的工作业绩却一直保持着直线上升水平，在新的一年里，极有可能获得提升。

回看这一年的工作经历，田娜有些不堪回首，整整一年，她既没能拉到什么大客户，也没为公司创造出什么价值，这也许是由整个行业不景气造成的吧。但这只能是安慰自己的话，人家高娜的客户资源极其丰富，整天忙得团团转，不停地打电话和客户谈判。田娜真搞不明白，高娜用一年时间是从哪里搞来那么多的客户。田娜虽然不能像高娜那样有丰富的客户资源，但是她不断地告诫自己，不要让自己闲下来，很努力地去寻找客户资源，最终她拿到了一大笔订单。

即便是如此，田娜还是避免不了被解雇的命运。她找到了业务主管，希望主管能再给她一个机会，她觉得主管并不是那么不通情达理的人。主管正在办公室批示文件，田娜轻轻地敲门进去。在她刚要开口说话之际，主管的电话响了，他接起来一看是公司总部打来的，声音很大，田娜清楚地听到了公司总部向主管下达解雇自己的命令。主管极力向对方解释："她工作一直很努力，也很有上进心，请再给她一次机会。"对方沉默了一会儿，然后说道："我们也相信她人不错，但是你别忘了，公司不是人好就可以了，她必须像其他员工一样，用工作的质量和业绩来证明自己的确优秀。"

话都说到这个份上了，田娜还能说什么呢？她只能默默地离开了。

在这个以业绩说话的竞争时代，没有拿出一定的业绩，或者不能保质、保量地完成本职工作，是没有资格要求公司给予回馈的，而且这种人也在公司考虑辞退的范围之内。

可见，工作质量是落实的生命，而"保质、保量地完成工作"则是员工的工作标准，每个员工都应将这个标准铭刻于心。只有这样，员工不论接到什么工作任务，都会自觉地首先保质、保量来进行规划，然后有步骤地去落实，从而保证任务的完成。

很多年前，有一位年轻人来到一家著名的酒店当服务员。这是他初入社会的第一份工作，因此他非常激动，曾暗下决心：一定要干出个样子来，不辜负父母的期望。

但是出人意料的是，在新人受训期间，上司竟然安排他去洗马桶，而且要求他必须把马桶洗得光洁如新！年轻人面对着马桶，心灰意冷。此时，他面前出现了同单位的一位前辈。

这位前辈什么话也没说，只是亲自洗马桶给他看。等到马桶洗干净了，这位前辈做出了一件让他意想不到的事情：她从马桶里盛了一杯水，当着他的面一饮而尽！

这位前辈用实际行动告诉年轻人一个事实：经她洗过的马桶，不仅外表光洁如新，里面的水也是干干净净的。年轻人心想，既然前辈都能把工作做到如此地步，为什么自己就不能呢？从此他便安心洗马桶，而且绝对保证工作质量，他也可以像那位前辈一样当着别人的面，从自己洗过的马桶里盛了一杯水，喝了下去。

后来，这位年轻人成了世界旅馆业大王。他就是康拉德·希尔顿。

洗马桶洗到马桶里的水能喝的程度，这追求的就是工作质量。作为一名员工，无论从事什么样的工作，都应该有这种精神，一定要追求工作质量。追求工作质量，就要避免敷衍了事的态度。敷衍了事，是一些员工常犯的毛病。他们做一天和尚撞一天钟，对于上级布置的工作，从来不认真去做，只做一些表面文章来应付，更别说工作质量了。

与其这样，还不如直接拒绝落实工作呢！因为，如果员工拒绝落实工作，领导者会重新安排其他人员来替代他的工作。但员工如果接受了任务还敷衍了事，则会让领导者受到蒙蔽，最终使工作不能得到有效地落实。可想而知，这样的员工能有所发展吗？能赢得上司的赏识吗？答案当然是否定的。

那么，如何才能保质、保量地完成工作呢？追求工作质量，就要克服马虎的毛病。有的员工不能很好地落实工作，并不是他不想去落实，而是他有马虎轻率的毛病。做事马马虎虎不认真，处理问题轻率大意不慎重，这是工作中的大忌。有时稍微一个不小心，就有可能会导致灾难，酿成大祸。

总之，在工作中，我们一定要有高度的工作质量意识。不仅要落实工作，而且要认真落实好工作，保证不出问题，这才是有效的落实。**工作质量是落实的生命，"保质、保量地完成工作"是员工落实工作的标准。**

06. 制度是落实的保障

有一种说法在西方很流行："总统是靠不住的，唯一可靠的是制度。"管理学家曾经做过这样一个设想：假如一架飞机不幸失事，甲、乙两家公司的老板都在飞机上，并且很不幸两位老板都遇难了。事后，甲公司呈现出群龙无首的状态，很多工作都无法得到落实，公司内部一片混乱；而乙公司却没有受到太大影响，公司还是井然有序地运作着。

造成两公司差异如此之大的一个重要原因，就是乙公司具备一套完备而系统的管理制度，从而使各项工作都得到了落实，公司自然不会出现太大问题。由此可以看出，如果没有完善的制度，就很容易陷入"人走政息"的怪圈。

落实要靠制度做保障，没有制度，工作很难得到落实。因此，作为员工，一定要养成制度意识，严格遵守企业的规章制度，这样才能使工作得到很好的落实。虽然在企业的管理过程中，"理"要比"管"重要，但这不等于说就不需要"管"，"管"要学会刚柔并济，不露痕迹，使人心悦诚服。

被人们称为石油怪杰的保罗·盖蒂，和父亲联手开采石油，不到24岁就赚得盆满钵满，成为当时最年轻的百万富翁。这个富有传奇色彩的人物，从小学习就很差，连大学的毕业证也是他父亲通过关系帮他拿到的。但就是这么一位备受争议的人物，年纪轻轻就非常精通管理之道，这是他能够在当时成为美国首富的原因。

一次，保罗·盖蒂去巡视自己的油田，看着高耸入云的勘探石油的井架，巍峨雄壮；黑色的石油源源不断地从地下冒出来，好似金币的源头，生生不息、永不枯竭。保罗畅想着这仅仅是原始阶段，未来，我要组建一个石油帝国，买世界上最大的船舰，将石油输向世界各地。

但是，保罗再往里走的时候，忽然铁青着脸，嘴里不断地咒骂着。美好的畅想早就被抛到九霄云外去了。原来，他竟然在自己油田上发现了有闲逛的人，更有甚者，还在抽烟、闲聊。工人们见了保罗，惊慌失措，低着头，不停地揉搓着裤缝。

"该死的！"保罗随即找来了工头，解雇了那几个工人。果断、决绝，不留任何余地，也不给求情的机会。杀一儆百……保罗果然很聪明。

但是，最令人措手不及的是，下次去巡视的时候，事态变得更为严重了。好多工人在干活时都在公然浪费原料。工人是世界上最团结的群体，一旦被激怒了，总会伺机报复，他们才不管你是什么老板呢！

保罗忽然明白了。他默不作声，转身走了。工人发出一连串胜利的笑声。

但没过几天，保罗又来了。这次他手中多了几页薄薄的纸，召集了所有工人，把纸交给工头，让他大声宣读。从此以后，油田的工地上闲散人等了无踪迹，原料也是一份当两份使，产量翻了好几番，油田里一副欣欣向荣之景。保罗实现了自己的畅想，他终究还是赢家。

而那张纸上只写了这么一句话："从今天起，油田交给各位经营管理，效益的25%由各位全权支配，然后是具体细则，细化到每一个工人头上。

管理艺术的最高境界并非是重塑、改造人性，而是不露声色地利用人性——自私、虚伪、狂妄、贪财皆能为我所用。但是要想用好，以及把握好这个尺度，必须有一个详细制度为前提。

制度是落实工作的重要保障，规范操作则是提高员工落实力及企业运行效率最根本的手段。员工如何规范操作，提高自己的落实力，这需要有合理的规章制度。只有适合企业文化的规章制度，才能有效保证员工对各项工作的落实。因而，在制订合理规章制度时，应遵循以下几个基本原则：

——制度要严谨

有些企业经常是随口说一些规定和制度，这样做很不严谨，也非常不科学，最重要的是极大地破坏了团队规章制度的权威性。制度一旦正式颁布，就应该坚定地落实下去。倘若对违反者采取不理会、不惩罚的态度，那就是对规章制度的藐视和破坏。如果有章不循，制度就会形同虚设，工作落实也就无从谈起。

——制度不是孤立存在的

规章制度不是孤立存在的，它是存在于企业文化这个大范畴之内的一个小系统，在落实过程中，它要能与其他的系统相和谐。

——执行制度要公平、公正

制度得到落实的根本是遵循公平、公正原则。有员工违反制度而未受惩罚，就是对其他员工的不公平和不公正，这样的制度本身就是苍白无力的。只有在制度落实上表现出公平、公正，才更能显出制度的严肃性。

——制度必须具有可行性

制度不应像海市蜃楼那样只供观看，而应是可行和可操作的，无法落实的条文和规定必须立即废止。因为它在实际情况中如果不能落实，就会对规章制度的权威性造成极大影响，制度的落实要让每位员工感受到遵守它就必须付出努力，从而改掉散漫的作风。

——制度要有一定的弹性

没有一个规定能够精确地限定一种事物，制度也同样如此，所以制度应具有一定的张力和弹性。但是这种弹性不宜过大，否则，制度就会变成一纸空文。要明确制度上量的尺度和质的依据，使具体操作过程变得容易些，可避免落实时的走样和变形，也可避免落实过程中的随意性。但制度的弹性也不宜过小，那样就会过于死板和苛刻。把握好这一原则，多准备一手，从而提高落实效率，增加解决问题的可能性。例如某公司有"超过上班时间 5 分钟为迟到"的规定，弹性的体现就在这 5 分钟，是考虑到在上班来的路上可能会堵车、发生意外等特殊情况而制订的一个条款，这种弹性在无形之间体现了公司的人性化。

——制度应该是具体而细微的

制度过于笼统只会显得不具有可行性，应该明确具体的条文和细则。一些企业的制度无法落实的教训之一，正是因为那些制度是包罗万象的抽象性规定，虽然内容丰富，覆盖面广，精神主旨正确，可一旦涉及具体问题时，就无法落实解决。例如，有的企业管理部门规定上班时间"要认真工作"，这就太过抽象，不容易具体落实。现实中，基层工作是具体的，需要有一些具体的条例和实施细则。例如规定"几不准"问题，只规定不准做什么是远远不够的，即使有人违背了这种制度，也不能及时追究责任。因此，还要有具体的惩罚措施，这是很多企业在制订制度时经常会忽视的一个方面。**落实要靠制度做保障，没有制度，工作就很难得到落实。**

07. 高效利用时间

时间对于每个人来说都是有限的，要想在有限的时间内完成更多的工作，还要注重工作效率，这就要求有效利用一切时间来保证工作的落实。员工保持高效率的工作是每个企业都非常看重的一点，这也是每个员工必须具备的能力。

但是，在职场上并没有多少人能真正做到高效率工作。工作效率低的人一般只有时间观念，而没有效率的观念。要想使工作落实到位，我们不仅要考虑时间，还应该特别关注时间的使用效率。效率低是浪费时间，而效率高就等于是延长时间。下面的这则小故事就能说明每一天都会对我们的未来产生深远的影响。

有一对双胞胎姐妹，她们一同住在 80 层楼高的一个温馨的小屋里。

这姐妹俩都是资深的驴友，也正是她们共同的旅游爱好，增加了她们之间的情谊，她们的关系也一直很融洽。

有一天，姐妹俩外出旅游归来，发现大楼由于重新翻修一些设施停电了。这让本来就疲惫不堪的姐妹俩恼怒不已，但她们背上沉重的包让她们不得不做出选择。姐姐对妹妹说："那么我们就爬楼梯上去吧，正好减减肥。"妹妹一想，觉得这个主意不错，也欣然同意了。

但是当她们气喘吁吁爬到了 20 楼的时候，由于背负过重，实在没力气再往上爬了。妹妹出了个主意说："包太重了，不如这样吧，我们把包包先放在这，等来电后，乘坐电梯下来拿。"姐姐一听，也同意轻装上阵。

在爬的过程中，姐姐还调侃妹妹在旅游的时候，曾对一个帅哥产生了好感……但好景不长，爬到 40 楼的时候，她们再也爬不动了。想到只爬了一半，还有 40 层要爬，两人停止了说笑，开始指责对方不注意大楼的停电公告，才会有如此下场。她们边吵边爬，爬到 70 楼的时候，他们已经没力气再吵架了。这时候，姐姐对妹妹说，"我们别吵了，一口气爬完它吧。"终于，她们爬到了 80 楼！兴奋地准备开门的时候，才发现钥匙放在了 20 楼的包里……

这个故事真实地反映了我们的人生：20 岁之前，我们活在家长和朋友的期待下，背负了太多的责任和包袱，而自己也觉得历练不够，能力不足，所以步伐难免不稳健。20 岁之后，身边的人不再给我们压力，我们卸下了沉重的包袱，轻松上路，开始追寻自己的理想，就这样 20 年一晃而过。到了 40 岁的时候，才蓦然发现，青春不再，叹光阴飞逝，哀声从口出，开始追悔这个、抱怨那个、惋惜这个、记恨那个……就这样在感叹和抱怨中，我们已经步入了暮年，两眼昏花，面纹如网，步履蹒跚，这时候虽然活明白了，但怎奈何人生已所剩无几，只好告诉自己，别再抱怨了，好好珍惜眼下的日子吧！于是，默默地走完了生命最后的旅程。到生命的尽头的时候，才发现自己浪费了一生的时间，所有的梦想依然滞留在 20 岁的青春岁月，还没来得及去实现……

一个失败者总会认为浪费一两个小时没什么大不了的，觉得今天做不完的事明天还可以继续做，他们不会因为浪费时间而感到痛惜。而成功者之所以能取得成功就在于他们从不肯浪费时间，他们总会以最快的速度在固定时间内把所有的事情都做完。

巴尔扎克是 19 世纪法国伟大的批判主义作家、欧洲批判现实主义文学的奠基人和杰出代表。他一生创作了 96 部长、中、短篇小说和随笔，都收集在《人间喜剧》内。他的作品传遍了全世界，对世界文学的发展和人类进步产生了巨大影响，他本人被马克思、恩格斯称赞为"超群的小说家""现实主义大师"。这一切的成功都来源于他高效地利用时间。

巴尔扎克总是在午夜 12 点从睡梦中醒来，点亮蜡烛，洗脸清醒一下，然后开始一天的工作。此时是一天里最安静的时刻，也是巴尔扎克一天中心情最平静、精力最充沛的时刻，不会有任何人打扰他，当别人都沉睡的时候，他进入了写作的黄金时间。

白天的时间，巴尔扎克用来处理日常事务，把写完的稿件交给印刷厂的工人，然后再修改印刷厂送来的稿件清样上的打印错误。下午的时间，他常常会给朋友们写信，探讨自己在写作中遇到的问题以及关于艺术的感受，或者会去查找一些资料，为午夜的写作做一些准备。晚上8点，他准时躺下休息，为午夜写作储备精力。

数学家华罗庚曾说过："成功的人无一不是利用时间的能手！"在工作中，有些人一生都没有利用好时间，有的只是利用好了青春，有的只是利用了一生中的几年，而成功的人则是利用好了一切时间，因此他们能够确保工作落实到位。

那么，怎样才能更好地利用好时间，把握好工作的每一分钟呢？节约时间是最根本的原则。从时间中节约时间，用尽可能少的时间，去办尽可能多的事，从而极大地提高效率，保证事情的落实。

作为一名员工，要养成充分利用一切时间去工作的习惯，你需要做到以下几点：

——不断检查时间的利用率

每天都要想一想：过去的一天完成了什么任务？花了多少时间，有没有浪费时间，时间利用率怎样，效果如何，怎么改进？……然后，不断调整工作计划，使时间利用率得到提高。

——磨炼自己的毅力

很多人都承认，由于缺乏毅力而造成自己不抓紧时间或者被其他事情侵占。因此，要在克服困难、实现志向的过程中磨炼自己的毅力，从而获得更多的时间。

——不要让时间空闲

许多员工都会抱怨每天上班坐车要花很多时间，那么，不妨研究一下上班路线，选择一条最短的路程，这样就能够尽早到达公司，开始准备一天的工作。平常等车时，可以听段英文广播或者其他学习类节目。如果路程很远，在车上不要干坐着等，利用这些时间做些有实际意义的事情。

——合理安排时间表

合理利用时间可以有效地提高工作效率，有助于工作的落实。所以，在日常工作中，我们应该制订一个简单明了、既可行又适宜自己的待办计划表，这样即使在很忙碌的状态中随意看几眼，也可对计划内容一目了然，明白接下来需要做什么事，怎样才能更合理地安排好时间、利用好时间。只有高效利用时间的人才能高效做事，只有高效做事才能确保工作的落实。

第三章

用细节体现执行力

01. 把每一件事做到极致

什么样的人能够脱颖而出？是那些能够把事情做到极致的人。做到极致，就是你考虑的方面比绝大多数人广、深度比绝大多数人深，而且持续反省能不能更好。坚持下来，不成功都难。

小米科技创始人、董事长兼首席执行官雷军曾经在一个以创业为主题的活动上表示，创业者一定要将产品做到极致，做到极致的意思就是把自己逼疯，把别人憋死。

他用两个例子阐述了什么是将产品做到极致。暴雪工作室是第一个例子。2012 年，《暗黑破坏神Ⅲ》震撼发布，距离该系列的上一款游戏《暗黑破坏神Ⅱ》12 年时间。在这 12 年的时间里，暴雪工作室不断调整，多次将游戏回炉重造。雷军表示，这就是一种将产品做到极致的表现。

另外一个例子是价格战。雷军表示，免费就是价格战的极致。亚马逊连续 6 年亏损 12 亿，通过免费赢得市场份额，最终成为一家伟大的电商网站。

雷军还表示，互联网领域里所有人工作时间都是 7×24 个小时的，而传统行业人们工作时间是 5×8 个小时的，互联网从业者绝不会像传统行业一样，将非上班时间发生的事情拖到上班时间去做，而是立刻解决，这就是互联网与其他行业最大的不同。反应快、研发快，这样才能更快速地积累经验、改进项目。

同时拥有天使投资人和 40 岁创业者的双重身份，雷军更懂得创业的艰难。"创业如跳悬崖，我 40 岁，还可以为我 18 岁的梦想再赌一回。"

精益生产方式起源于日本丰田汽车公司，目前已在全世界大力推广，它的基本思想是 Just In Time（JIT），也就是"只在需要的时候，按需要的量，生产所需的产品"，追求 7 个"零"极限目标：零切换、零库存、零浪费、零不良、零故障、零停滞、零灾害。

我们看丰田公司的运营，就会发现精益生产方式其实就是注重细节的生产方式。

丰田汽车公司的主机组装厂是一个生产多种小型客车的现代化大型工厂，除了特别干净明亮和色彩宜人的环境外，粗看并没有什么特别之处，但是细看你就会发现流水线中各项任务的工作量出奇地均衡。这是因为，在这个组装工厂里，各项任务在时间和工作量上都是等同的，因此每个人都在用同一种步调工作。一项任务完成时，其上下工序的员工也同时完成他们的任务。当某一个环节出错时，操作人员会立即启动报警系统，一个电子板会自动闪亮以显示出故障的工作台及克服故障所用的时间，其他工作台的员工就会拿上工具箱，赶到发生故障的工作台帮助同事恢复正常工作。在一班工作结束后，电子板就会汇总所发生的故障及其原因，然后，这些问题就成了项目改进的焦点。

这个例子的关键在于，它向我们展示了丰田汽车公司的一个十分明显的特征：通过工程改进来追求工程的不间断性，每一个误差都要仔细检查、诊断和修正。任何问题，无论多么罕见，都不会被看作可忽略的随机事件。这样注重细节，注重细节之间的衔接就是精益生产的具体体现。

很多人对于"极致"有个认知上的误区，认为"极致"意味着完美。然而汉语词典会告诉你，极致意味着最佳，而完美意味着没有瑕疵。

你肯定听过这么一句话："没有最好，只有更好。"所以，个人认为极致更适合做一个比较词，它衡量一个东西、一件事在有限的资源和客观环境下所能达到的程度。可能有人会认为其他环节虽然重要但程度比不上关键环节，因此把关键环节做好就可以了，不必注意每一个细节。这是一种错误的观点。一旦认识上出现这种偏差，分配的资源和关注度也往往有限，也容易给自己的不注意、忽视寻找借口。

细节决定成败。整个项目能不能成功，必须依赖项目里的每一个细节的支持。每一个细节必须在它有限的资源和客观环境里做到最好的程度，也就是达到极致才能配合整个项目的运行，从而让整个项目达到最好的效果。产品细化到每一个按钮都有它的责任和使命，它是成功必不可少的因素，它们必须在团队的有限资源里做到极致。想法固然重要，细节也同样重要！

02. 细节，精益求精

"麦当劳之父"雷·克洛克说："我强调细节的重要性。如果你想经营出色，就必须使每一项最基本的工作都尽善尽美。"细节是专业，注重细节是工作态度。细节提升品质，细节的心就是心态的脸。心态变了，细节也就溜了。不管是企业还是个人，都要注重从细节中提升品质，这在服务业中体现的更明显。

海底捞服务的细致入微

人类已经无法阻止海底捞了！

海底捞的服务之所以让消费者印象深刻，就在于它关注到了每一个细节。海底捞设计了一套从顾客进门到就餐结束离开的完整服务体系，几乎涵盖了就餐过程中所有的用户体验环节，将其他餐馆中存在的许多问题通过服务的形式予以了很好的解决。

首先，让等待充满快乐。就餐排队是顾客最讨厌的，传统的等待只是在餐馆的椅子上坐着，而海底捞却为等待的客户提供各种服务。在海底捞等待就餐时，热心的服务人员会立即为你送上西瓜、橙子、苹果、花生、炸虾片等各式小吃，还有豆浆、柠檬水、薄荷水等饮料，甚至还提供美甲和擦皮鞋的服务。排队等位也成为海底捞的特色和招牌之一。

其次，舒服的点菜服务。如果客人点的量已经超过了可食用量，服务员会亲切地提醒："不要点多，够吃就行，不要浪费，如果不够可以再点，如果点得多吃不完，只要没有动筷子还可以退。"让顾客真正感到餐厅始终站在消费者的立场。顾客消费过程中服务员不时地添上免费的热豆浆，整个消费过程十分温馨、愉快。

最后，及时到位的席间服务。主动为客人更换热毛巾，给长头发的女士提供橡皮筋、小发夹，给带手机的朋友提供小塑料袋装手机以防进水，免费送眼镜布，给每位进餐者提供围裙……

海底捞因其细致入微的服务赢得了消费者的认可，真正践行了"顾客是上帝"的理念。

坎普·吉列与 T 型剃须刀

坎普·吉列 16 岁那年因父亲的生意破产被迫转学。吉列当上了一名推销员，这个工作一干就是 24 年。

在激烈的竞争环境中，吉列多次更换公司。他推销过食品、日用百货品、服饰、化妆品等各类物品。吉列每天都乘车在公司和客户之间来回奔波，整日忙忙碌碌。尽管他如此勤奋，但是事业还是没有多大建树。40 岁那年，吉列仍是一家公司的推销员。

有一次，吉列为一家生产新型瓶塞的厂家推销产品。这种产品不起眼，价钱又低，但很受人们欢迎，十分畅销。吉列推销得很卖力，受到老板的赏识。当吉列问及产品畅销的原因时，老板微笑着告诉吉列，这种新型瓶塞属一次性产品，消耗的快，卖的也就快，因为价格便宜，人们重复购买也就不会有心理障碍。他还告诉吉列：发明一种"用完即扔"

的产品，人们自然会多次购买消费，这样就能赚大钱。说者无心，听者有意，吉列受到强烈的震撼。是啊！自己干推销员已经二十余年了，整天忙忙碌碌，却不能拥有自己的一份事业，为什么不能发明一种"用完即扔"的产品来赚钱呢？

吉列手托下巴陷入深深地沉思之中，那刮不干净的胡须扎了一下他的双手，同时也激发了他的灵感。每个男人都需要刮胡子，而刮胡子则需要剃须刀。他联想到自己修面整容时的很多不便以后，便暗暗地下定决心，一定要开发出一种"用完即扔"的剃须刀来实现自己的梦想。

有了想法，吉列便立即从商店买来挫刀、夹钳以及制作剃须刀所需的钢片，开始在家潜心研制起刀片来。起初他的设想是把刀片制造成具有锋利和安全的双重特点，刀柄和刀片部分必须分开，这样便于产品的更新换代。所以吉列便把刀柄设计成圆形，圆形刀柄上方留有凹槽，能用螺丝钉把刀片固定；刀片用超薄型钢片制成，刀刃锋利，从安全角度考虑，刀片夹在两块薄金属片中间，刀刃露出。当使用这种剃须刀刮胡子的时候，刀刃始终与脸部形成固定的角度，这样，既能很轻易地刮掉脸部和下巴上的胡须，又不容易刮破脸。这个设计方案确定后，吉列找到了专业技术人员做成样品，并开始利用自己干推销的优势，去说服人们来投资开发这种新型剃须刀。在吉列的极力鼓动下，有几位朋友抱着试试看的心理给他投资了 5000 美元。

1901 年，吉列终于结束了他 24 年的推销员生涯，创建了吉列保险剃刀公司。拥有自己的公司以后，吉列更进一步研制制作刀片的新材料，使刀片更薄、更具柔韧性、更容易夹在金属片中间。与此同时，吉列进一步吸收资金。1902 年，吉列终于开始批量生产自己研制出来的这种新型剃须刀。然而，产品的销售并不理想，陷入了滞销局面。一年的时间，吉列才销出刀架51个、刀片168片。面对这种窘境，吉列百思不得其解。

反复思考之后，吉列明确了产品功能，改进了设计、生产思路和价格策略。在功能上：一是把新型剃须刀作为一种"用完即扔"的产品来看待；二是刀柄要坚固耐用，买一个可以用几年，刀片则为一次性产品，可以灵活更换，顾客买一个刀柄后要继续购买多个刀片。如果把刀柄大幅度削价，而从刀片上挣钱，不就解决了价格高的问题了吗？如果把刀柄赠送给人们无偿使用，人们购买刀片的积极性不就会进一步提高了吗？于是，吉列果断地做出决定，凡是购买新型剃须刀的，一律免费赠送刀柄。这一措施推出后，公司的销售额果然直线上升。长期的推销员工作使吉列清醒地认识到，新产品的功能再好，如果没有到位的宣传，产品也可能滞销，吉列还加大了新产品的宣传力度。

那时，美国正处于大众传播媒介蓬勃发展的时期，为提高媒体的经济效益，各报刊均开设了广告服务栏目，吉列抓住机会，选择传播面广、影响力大的刊物大做广告。吉列请人拟定了诱惑力很强的广告词，强调新刀片和旧刀片的不同，劝说人们放心购买。在不断的广告宣传中，吉列还强调新型刀片的质量和优点，他给顾客的承诺是：保证每片刀片至少可刮10到40次。仅这一条，就吸引了不少消费者去购买吉列的刀片。为了保证广告的效果，吉列为每副剃须刀增加了5美分的广告预算，他多次对部下强调，吉列公司的兴旺发达完全要靠广告推动。吉列说："我们一定要做进攻者，我们必须通过不断地攻击，去击败竞争对手。"

通过大量有效的广告宣传，吉列一步步打开了新型剃须刀的消费市场。经过 8 年的市场推销和从未间断的广告宣传，吉列安全剃须刀终于在美国广大消费者心中占据了一席之地。

因这种剃须刀由刀柄和刀片两部分组成，人们习惯地根据它的形状构成，称其为 T 型剃须刀。看着可喜的成果，吉列信心倍增。正当他准备进一步扩大生产规模和拓宽销售市场的时候，第一次世界大战爆发了。

战争期间，由于生产剃须刀所使用的原材料价格有所下调，吉列剃须刀在市场上有了更大的竞争力。1917 年，美国放弃"中立"并向德、奥宣战，当美国士兵源源不断向欧洲战场开拔的时候，吉列的剃须刀也随之走进了每个士兵的背包之中，被带到了欧洲，给那里的人们留下了较为深刻的印象。使用新型剃须刀的人越来越多，吉列剃须刀对人们生活产生的影响也就越来越大。战后，这种影响更深更广，加之吉列的"赠刀柄销刀片"的销售策略，吉列新型刀片的销售额大幅度上升，金钱源源不断地装进了吉列的腰包。吉列开始在世界各地建立分公司。就这样，吉列剃须刀开始从美国走向了世界。

在这个小小刀片包装上，吉列用他留满胡须的脸谱当作商标，随同他的刀柄一块卖到了世界各地。这张脸也因此被人们称为"世界上最有名气的一张脸"，吉列也因为这一小小的刀片而收获了巨额财富。

精确，精确，再精确

一个年轻人到某公司应聘职员，工作是为公司采购物品。招聘者在一番测试后，留下了这个年轻人和另外两名优胜者。随后，主考官提了

一心渴望成功、追求成功，成功却了无踪影；
甘于平淡，认真做好每一个细节，成功却不期而至

几个问题，每个人的回答都各具特色，主考官很满意，面试的最后一道是笔试题。题目为：假定公司派你到某工厂采购2000支铅笔，你需要从公司带去多少钱？几分钟后，应试者都交了答卷。

第一名应聘者的答案是120美元。主考官问他是怎么计算的。他说，采购2000支铅笔可能要100美元，其他杂用就算20美元吧！主考官未置可否。

第二名应聘者的答案是110美元。对此，他解释说：2000支铅笔需要100美元左右，另外可能需用10美元左右。主考官同样没表态。

最后轮到这位年轻人。主考官拿起他的答卷，见上面写的是113.86美元，见到如此精确的数字，主考官不觉有些惊奇，立即让应试者解释一下答案。

这位年轻人说："铅笔每支5美分，2000支是100美元。从公司到这个工厂，乘汽车来回票价4.8美元；午餐费2美元；从工厂到汽车站请搬运工人需用1.5美元……因此，总费用为113.86美元。"

主考官听完，欣慰地笑了。年轻人自然被录用了，这位年轻人就是后来大名鼎鼎的卡耐基。

注重细节，精益求精，你的人生必然不会太差。

03. 紧抓细节不放手

现代经济已进入高速发展的时期，而经济发展主要依靠管理和技术这两个轮子。在国外，经济学家认为西方工业现代化是"三分靠技术，七分靠管理"。许多企业家通过对细节的追根究底，实现了自己的人生梦想。

吉宁的"婆婆妈妈"

一般人认为，企业的高层管理者不应关注细小的问题，而只需要把握企业的主干——生产、经营和销售等方面的大原则就可以了，各种具体的细节问题应完全放手让部属去干。

而美国国际电话电报公司行政总裁哈罗德·吉宁却不这样看，他认为这是一种欠缺的管理方法，卓越的领导人从来不会对细节问题撒手不顾，反而在适当的时候会对它追根究底。

吉宁在美国管理界颇负盛名，他的名字常与天才、雄心勃勃、坚忍不拔、强有力、苛求和成功这样一些词捆绑在一起。苛求的吉宁对细节的执着几乎到了着魔的地步，但这恰恰是他管理方法的基本内核和他取得成功的关键。吉宁有超强的记忆力和速读能力，喜欢亲手掌握原始数据，不愿让他的职员把材料提得太精炼。吉宁曾说："有许多事不需要我知道，可是在事后我要知道这是怎么回事。"吉宁发现问题时，会很快地行动起来并要求介绍详细情况，以便及时解决。他的一位行政主管说过："在国际电话电报公司由吉宁解决的问题有许多是小问题，比其他任何一家大公司都要多。"

也许有人要说这种管理方法太"婆婆妈妈"了，其实不然。正是由于吉宁对事实持之以恒的追求，严谨的工作作风和细致的办事原则，才使该公司在他的领导下，规模扩大了10倍。

有很多企业从细节入手，改进管理、创新求实，从而成为世界知名企业。

肯德基的系列计划

（1）冠军计划：肯德基曾在全球推广"CHAMPS"计划，该计划是肯德基取得成功业绩的主要精髓之一。其内容为：

C：Cleanliness，保持美观整洁的餐厅；

H：Hospitality，提供真诚友善的接待；

A：Accuracy，确保准确无误的供应；

M：Maintenance，维持优良的设备；

P：Product Quality，坚持高质稳定的产品；

S：Speed，注意快速迅捷的服务。

"冠军计划"有非常详尽、可操作性极强的细节，保证了肯德基在世界各地每一处餐厅都能严格执行统一规范的操作，从而保证了它的服务质量。肯德基这种对细节的重视程度就是企业基础管理技术最务实的反映，也是中式快餐与洋快餐的差别所在。

（2）员工培训计划：为了保证员工能够服务到位，肯德基对餐厅的服务员、餐厅经理到公司的管理人员，都要按其工作性质的要求，进行严格培训。例如，餐厅服务员新进公司时，每人平均有200个小时的"新员工培训计划"，对加盟店的经理培训更是长达20周时间。餐厅经理人员不但要学习引导入门的分区管理手册，同时还要接受公司的高级知识技能培训。这些培训，不仅提高了员工的工作技能，同时还丰富和完善了员工的知识结构以及个性发展。

（3）选址计划：对"一步差三市"规律理解深透的肯德基在进入某个城市之前，在选址方面，要做细致科学的调查研究。通常，要做的第一件事，就是通过有关部门或专业调查公司收集这个地区的资料，然后，根据这些资料开始划分商圈。商圈规划采取记分的方法。比如，某个地区有一个大型商场，商场年营业额为1000万元的记一分，5000万元的记五分；有一条公交线路加多少分，有一条地铁线路加多少分。通过细致的打分，把商圈划分成几大类。以北京为例，有市级商业型、区级商业型、定点消费型、社区型、社区商务两用型、旅游型等。在商业圈的选择上，肯德基既考虑餐馆自身的市场定位，也会考虑商圈的稳定度和成熟度。肯德基的原则是一定要等到商圈成熟稳定后才进入。

确定商圈之后，还要考察这个商圈内最主要的聚客点在哪里。如北京的前门是个热闹的商业区，但不可能前门的任何位置都是聚客点。肯德基的目标是力争在最聚客的地方开店。

确定地点后，还要确认在这个区域内，人们的流动线路是怎样的。人们从地铁出来后往哪个方向走等，都要派人实地用秒表测量，之后，将采集到的数据输入专用的计算机软件，就可以测算出在此开店的前景以及投资额是多少，据此肯德基就可以放心地投资了。

美国汽车公司：总裁桌上的不同颜色公文夹

美国汽车公司总裁莫端要求秘书给他的呈递文件放在各种颜色不同

的公文夹中。红色的代表特急；绿色的要立即批阅；橘色的代表这是今天必须注意的文件；黄色的则表示必须在一周内批阅的文件；白色的表示周末时须批阅；黑色的则表示必须他签名的文件。

把你的工作分出轻重缓急，条理分明，你才能在有效的时间内，创造出更大的成果，也使你的工作游刃有余、事半功倍。

比奇公司：劳动生产率会议

为了扭转劳动生产率日益下降的趋势，美国比奇飞机公司从20世纪80年代中期建立了"劳动生产率会议"制度。公司从9000名职工中选出300名作为出席"劳动生产率会议"的代表。

当某一职工想提一项合理化建议时，他就可以去找任何一名代表，并与该代表共同填写建议表。这个提议交到"劳动生产率会议"后，由领班、一名会议代表和一名劳动生产率会议的干部组成的小组负责对这项建议进行评价。如果这个小组中的两个人认为该建议能提高劳动生产率并切实可行，则建议者可得到一笔初审合格奖金。接着由"劳动生产率会议"对上述建议进行复审，复审通过后，即按该建议产生效果大小给提议职工颁发奖金。这项制度给公司带来了巨大效益。

惠普公司："敞开式大房间"办公室

美国惠普公司创造了一种独特的"周游式管理办法"，鼓励部门负责人深入基层，直接接触广大职工。为此，惠普公司的办公室布局采用美国少见的"敞开式大房间"，即全体人员都在一间敞厅中办公，各部门之间只有矮屏分隔，除少量会议室、会客室外，无论哪级领导都不设单独的办公室，同时不称呼职衔，即使对董事长也直呼其名。这样有利于上下左右通气，创造无拘束和合作的气氛。

看了上面的几个例子，我们可以清楚地看到，这些优秀企业在成长壮大的过程中，把对细节的苛求当成了企业管理最基础、最核心的要素，当他们已成长为世界 500 强时，他们的服务理念、品牌价值已经实实在在地体现并固化在细节中。可以说，细节是公司精神与品牌的精魂所在，是企业与企业之间差异化的最本质反映，是企业核心竞争力的具体表现。推而广之，细节，才是每一个时代的本质，各个时代穿越一切表象而固定下来的小小细节，就是那个时代的精魂，大时代的力量在小细节上。

04. 从细节中来，到细节中去

从如下公式可以看出细节的重要性：$100-1 \neq 99$，$100-1 = 0$。1% 的错误会带来 100% 的失败！这就好比烧开水，$99\,℃$ 就是 $99\,℃$，如果不再持续加温，是永远不能成为滚烫的开水的。所以我们只有烧好每一个平凡的 $1\,℃$，在细节上精益求精，才能真正达到沸腾的效果。小事不可小看，细节彰显魅力。如果每个人都热爱自己的工作，每天就会尽自己所能力求完美。而如果我们关注了细节，就可以把握创新之源，也就为成功奠定了坚实的基础。

成功源于一点一滴的积累

一个人，要想获得成功，从平凡走向卓越，就必须拥有对目标坚持不懈的恒心和强大的意志力。那些伟人之所以能创造出伟大的事业，凭借的正是持之以恒的毅力。

马克思整整花费了 40 年的心血，才完成了巨著《资本论》；伟大的德国文学家歌德创作《浮士德》，用了 50 年的时间；中国古代医药学家李时珍为了写《本草纲目》，经历了 30 年的跋山涉水；大书法家王羲之经年累月苦练书法，成就了"天下第一行书"的盛名；著名科学家、气象学家竺可桢坚持每天记录天气情况，记录了 38 年零 37 天，其间没有一天间断，直到他去世前的那一天；著名作家巴尔扎克为了创作他的小说，在深夜的街头等着从舞会里出来的贵妇人；美国作家马克·吐温更是把自己积累素材的日记称之为油料箱；发明家爱迪生在 1000 多次失败的实验后才发现钨丝最适合做灯泡的灯丝，那么，他之前的每一次失败有什么价值呢？爱迪生自己给出了最好的答案："我至少发现了 1000 多种不适合做灯丝的材料。"爱迪生告诉我们，以前的失败只是前进路上的障碍和陷阱，每一次跌倒，我们都可以从中汲取教训，避免以后犯同样的错误。从这个角度来说，失败并不是一件坏事。"失败是成功之母"道理也如此。

然而，这种持之以恒的毅力不是天生得来的，它需要在日积月累的坚持中慢慢磨炼而成，尤其是对于还不成熟的人来说，持之以恒更需要在日常生活的许多细节中慢慢培养。要知道，成功不是一朝一夕可以获得的，只有每天前进一步，才能逐渐靠近自己的目标。

著名学者钱钟书在清华大学读书时，为了更广泛地汲取知识，为自己制定了"横扫清华图书馆"的目标，要读尽清华藏书。在这个目标的激励下，他勤学苦读，笔耕不辍，最终成为著名作家。

在生活和学习中，我们应该把远大的目标分解成眼前的每一天应该完成的任务。我们要尽量保持一颗"平常心"，要设计好明天的宏伟目标，更要走好今天的每一步；应该每天都要努力向前，抓紧平时的一点一滴，才能积累出最后的辉煌。

而恒心与意志力是造就成功的关键品质。有时候，超人的意志和决不放弃的精神甚至能创造奇迹。

当然，要做到不轻言放弃，我们还需要正确地认识失败和挫折。

斯坦门茨价值一万美元的一条线

20世纪初，美国福特公司正处于高速发展时期，一个个车间、一片片厂房迅速建成并投入使用。客户的订单快把福特公司销售处的办公室塞满了，每一辆刚刚下线的福特汽车都有许多人等着购买。突然，福特公司一台电机出了故障，整个车间几乎都不能运转了，相关的生产工作也被迫停了下来。公司调来大批检修工人反复检修，又请了许多专家来察看，可怎么也找不到问题出在哪儿，更谈不上维修了。福特公司的领导懊恼不已，别说停一天，就是停一分钟，对福特来讲也是巨大的经济损失。这时有人提议去请著名的物理学家、电机专家斯坦门茨帮助，领导宛如抓住了救命稻草，急忙派专人把斯坦门茨请来。

斯坦门茨仔细检查了电机，然后用粉笔在电机外壳画了一条线，对工作人员说："打开电机，在记号处把里面的线圈减少16圈。"人们照办了，令人惊异的是，故障竟然排除了！生产立刻恢复了！

福特公司经理问斯坦门茨要多少酬金，斯坦门茨说："不多，只需要1万美元。"1万美元？就只简简单单画了一条线！当时福特公司最著名的薪酬口号就是"月薪5美元"，这在当时是很高的工资待遇，以至于全美国许许多多经验丰富的技术工人和优秀的工程师为了这5美元月薪从各地纷纷涌来。1条线，1万美元，一个普通职员100多年的收入总和！斯坦门茨看大家迷惑不解，转身开了个清单：画一条线，1美元；知道在哪儿画线（涉及如何观察、分析问题、判断问题和正确地运用知识与逻辑，而画线是这一系列工作之后的最后一件小事，在日常事务中若解决问题时搞错了方向，问题是永远得不到解决的，会一直作为问题并存在着，若找对了方向，解决它可能就是一瞬间和一个简单的买入或卖出动作而已），9999美元。福特公司经理看了之后，不仅照价付酬，还重金聘用了斯坦门茨。

是的，斯坦门茨的回答很对，画线是人人都能做到的，知道应该在哪里画线却是极少数人才具备的才能。许多人常常抱怨自己的待遇和收入太低，却很少在心底问过自己是否具备获取高报酬的本领。这故事原本说的是知识的价值，如果换个角度来说，就是决策的结果很简单，但决策的过程很复杂，需要人们做大量深入细致的调查研究。以此例来说，为什么要在此处而非在彼处画线？为什么是减去 16 圈，而不是减去 15 圈或 17 圈？可以说，决策正确显本事，细微之处见功夫。决策的过程是一个从细节中来、到细节中去的过程。

兰德公司的决策

兰德公司（RAND）是当今美国最负盛名的决策咨询机构之一，一直高居全球十大超级智囊团排行榜首。它的职员有 1000 人左右，其中 500 人是各方面的专家。兰德公司影响着美国政治、经济、军事、外交等一系列重大事件的决策。

1950 年，朝鲜战争爆发之初，就中国政府的态度问题，兰德公司集中了大量资金和人力加以研究，得出 7 个字的结论——中国将出兵援朝，作价 500 万美元（相当于一架最先进的战斗机价钱），卖给美国对华政策研究室。研究成果还附有 380 页的资料，详细分析了中国的国情，并断定：一旦中国出兵，美国将输掉这场战争。美国对华政策研究室的官员们认为兰德公司是在敲诈，是无稽之谈。

后来，从朝鲜战场回来的麦克阿瑟将军感慨地说："我们最大的失误是舍得几百亿美元和数十万美国军人的生命，却吝啬一架战斗机的代价。"事后，美国政府花了 200 万美元，买回了那份过时的报告。

军事上的战略决策要从研究每个细节中来，商战中的战略决策也同样如此。麦当劳在中国开到哪里，火到哪里，令中国餐饮界人士又是羡慕，又是嫉妒，可是我们有谁看到了它前期艰苦细致的市场调研工作呢?

　　麦当劳进驻中国前，连续 5 年跟踪调查，内容包括中国消费者的经济收入情况和消费方式的特点，提前 4 年在中国东北和北京市郊试种马铃薯，根据中国人的身高体形确定了最佳柜台、桌椅和尺寸，还从香港地区的麦当劳空运成品到北京，进行口味试验和分析。开首家分店时，在北京选了 5 个地点反复论证、比较，最后麦当劳进军中国，一炮打响。

　　这就是细节的魅力。我们中国哪个餐饮企业在开业之前做过如此深入的市场研究? 正如《细节决定成败》一书的作者汪中求所说，中国绝不缺少雄韬伟略的战略家，缺少的是精益求精的执行者; 绝不缺少各类规章、管理制度，缺少的是对规章制度不折不扣的执行。好的战略只有落实到每个执行的细节上，才能发挥作用。

05. 落实细节，刻不容缓

　　在日常工作中，老板只会告诉你去做一些你必须做的事情，他对你的要求或许只有一点点，但是一个好的员工应该尽自己最大的能力去做更多的事情，去考虑公司的利益，也就是在工作中要落实更多的任务、更多的细节。

　　很多人花费了大量的时间和精力去寻找成功的捷径，却从来不肯多花一点时间在工作上，更谈不上注重工作上的细节了。其实，不要小看那些细节，也许正是它们可以改变你的一生。

成功离不开细节的积淀。细节虽"细"，但积土能成山。"细"中见精神，"细"中见功力。一个人只有注意别人没有注意到的细节，才能为自己带来成功的机遇；一家公司只有在细节处比别的公司做得更好，才能有更大的发展空间。

去泰国旅游过的人应该都听说过泰国的东方饭店，这家饭店和别的饭店也没有多大区别，但如果你不提前一个月预定的话，是绝对没有入住机会的，而且这里的很大一部分客人都来自西方的一些发达国家。房间几乎天天客满，这真会令人产生一种错觉，这难道是一个宝地，是探险家的乐园？还是东方饭店自有特别的优势，赢得这么多的顾客？其实，东方饭店没有什么宝藏，也没有什么新鲜独到的招数，那么，他们究竟靠什么获得如此傲人的成绩呢？要想找到答案，我们不妨先看看一位姓张的老板入住东方饭店的经历。

张老板有很多的生意都是和泰国人合作的，所以会经常去泰国进行商务洽谈。张老板第一次住进东方饭店，也没感觉出饭店的独特之处，觉得和别的饭店差不多。但是第二次入住的时候，他就被这家饭店深深地打动了。

那天早上，张老板早早起来，一边打着哈欠，一边往餐厅走去。他早就饿了，想着能尽快填饱肚子。刚到楼梯口，楼层的服务员十分有礼貌地问道："张先生是要用早餐吗？"张老板一头雾水，问道："你怎么知道我姓张？"服务生说："这是饭店的规定，必须记住当天入住的客人名字。"这着实让张老板吃了一惊，他做生意走南闯北多年，四海为家，全世界有名的酒店他也住了不少，但都没遇到过这样的情况。

张老板走进餐厅，四处张望，想找一个安静的位子。这时，服务员小姐微笑着问："张先生还坐老位子吗？"张老板一听更加吃惊，心想这是什么情况？自己虽然不是第一次入住，但最近的一次也是一年前的事了，难道这里的服务员小姐能过目不忘？看到他吃惊的样子，服务小姐依然一脸微笑，主动解释说："我刚调出电脑中的入住记录，您在去年10月5日，在临窗的第三个位置用过早餐。"张老板听后哈哈大笑说："老地方！老地方！"小姐接着问："老菜单，两个面包，一杯牛奶？一个鸡蛋？"张老板已经不再感到惊讶了，说："还是老菜单。"

张老板在用餐的时候，服务员又赠送了他一碟小菜，由于张老板没见过这种菜，就好奇地问："这是什么？"服务员后退两步回答说："这是泰国特有的食物。"张老板乐呵呵地说了几个好，又问："你说话干嘛后退两步？"服务员回答说："这是为了避免说话时不小心把口水掉落在客人的食物上。"张老板一听，心情舒畅，胃口大开，又叫了好几个面包。因为，这种细致的服务别说一般的酒店，就是在西方国家最豪华的饭店他都没见过。在这里，他才真正有了一种当上帝的感觉！

此后，张老板收回了在国外的投资，他已经两年没有去过泰国了。在他快过生日的时候，东方饭店给他寄来了一封信，信中还附了一张贺卡，除了祝他生日快乐之外，还欢迎他下次来泰国一定再次下榻东方饭店。张老板看完后，感动得热泪盈眶，发誓一定还要去泰国，多住几次东方饭店，同时，他还会向他所有的朋友推荐去泰国玩时一定要选择东方饭店。由此可以看出，东方饭店在经营过程中并没有什么神奇的招数，他们采用的仍然是传统的、人们惯用的方法：为客人提供最人性化的服务。只不过和别人不同的是，在他们达到规定的服务标准，便不思进取的时候，东方饭店却进一步深挖大量的别人不在意的细节，坚持把人性化的服务拓展到各个方面。也正是靠着这更胜一筹的服务，东方饭店赢得了无数的回头客，饭店天天爆满，也就不足为奇了。

东方饭店的这种注重细节的行为令人深思。在这个竞争日益激烈的年代，想要获得成功其实并没有想象中的那么难，就看你能不能抓住身边的细节，并且立即落实下去，这样才能在激烈的角逐中胜出，而那些喜欢空想的人，既不能落实细节，也不能马上行动，反而会去找各种借口推脱，最后只能自食其果。真正的落实者，只要立即行动，总会有奇迹在前方等着他。

东汉末年，战乱不断，民不聊生。出生于官宦之家的陈蕃，虽然家道中落，食不裹腹，但是年仅15岁的他并不在意这些，他胸怀鸿鹄之志，以拯救天下为己任。

一天，陈蕃正在庭院里习读诗书，他父亲的好友薛勤来访，见他家院子杂草丛生，秽物满地，一片萧败的样子，便说："孺子何不洒扫以待宾客？"陈蕃听后，不以为然地答道："大丈夫处世，当扫天下，安事一屋？"薛勤一听，心中暗暗惊讶于小小年纪的陈蕃竟有如此大的志向，感叹之余，以一个长者的身份问道："一屋不扫，何以扫天下？"陈蕃听后无言以对。从此，他改掉了"一屋不扫"的习惯，后来终成大器。

陈蕃立志"扫天下"的远大志向值得我们学习，但是他还没意识到"扫天下"要从"扫一屋"开始，"扫天下"包含了"扫一屋"，而"一屋不扫"必然不能实现"扫天下"的理想。一个连屋子都不愿意打扫的人，很难让人相信他有能力"扫天下"。任何事情都有一个由小到大、日积月累的过程，这样才能聚沙成塔。

歌德也曾说过："把握住现在的机会，从现在开始做起。只有勇敢的人才会富有实力、能力和魅力。因此，只要做下去，在做的过程中，你的心态就会越来越成熟。那么，不久以后，你的工作就可以顺利完成了。"

现在就做，马上就落实。人要学会的不是去设想还有明天，而是要将今天抓在手心里，将现在作为落实的起点，这样才能更好地落实细节。如果不能坚持这一原则，我们将得不到任何提升，当然也不会达到企业的要求。**细节到位，才能真正落实到位，一个小小的细节失误很可能会毁掉整个大好局面。**

06. 细节是一种创造

现代管理学之父彼得·德鲁克说："行之有效的创新，在一开始可能并不起眼。"细节的力量有时是不可估量的，虽然细小，但正是它们积蓄了生活和历史的进步和倒退。

细节不只是一种生活态度，有时改进细节就是创造。早些年，当日本人把缝衣针出口到中国时，中国的厂商愤愤不平，以为中国人的崇洋心态在作怪，然而一看人家的产品，敬佩之心油然而生。我们的针孔是圆的，而日本的针孔是长的，人家的针孔比咱们的大得多，对于经常需要穿针引线的人来说这一细节是至关重要的。

外表变化一点点

番茄酱是日本人最爱吃的调味品之一，销量非常大，竞争也十分激烈。可果美公司与森永公司是两家最具竞争力的公司，长期以来，两家一直为争夺更大的市场占有率而"明争暗斗"。森永公司的番茄酱质量与可果美的一样，广告宣传甚至比可果美还多，但销量却不及可果美的一半。森永公司老板百思不得其解，该公司的一名推销员提出建议：将番茄酱的包装瓶口改大，大到足以把汤匙伸进瓶里，易于消费者方便地取出番茄酱。老板立刻采纳并付之生产，结果非常成功，销量急剧增加。不到半年时间，森永公司的销量便超过了可果美。一年后，森永公司的番茄酱占领了日本大部分市场。

森永公司的成功之处就在于考虑到了包装物对消费者使用商品的方便性。包装物的方便性功能对商品销量是一个至关重要的因素。

日本的东芝电器公司在1952年前后曾一度积压了大量的电风扇卖不出去。7万多名员工为了打开销路，费尽心机，依然进展不大。有一天，一个小职员向公司领导人提出了改变电风扇颜色的建议。当时全世界的电风扇颜色都是黑色的，东芝公司生产的电风扇也不例外。这个小职员建议把黑色改为浅颜色，这一建议引起了公司领导人的重视。经过研究，公司采纳了这个建议。第二年夏天，东芝公司推出了一批浅蓝色电风扇，大受顾客欢迎，市场上还掀起了一阵抢购热潮，几个月之内就卖出了几十万台。

这一事例告诉我们，只是改变了一下颜色这种小细节，就开发出了一种面貌一新、大为畅销的新产品，使整个公司渡过难关。这一改变颜色的设想，其经济效益和社会效益何等巨大！

而提出这一设想，既不需要渊博的科学知识，也不需要丰富的商业经验，为什么东芝公司其他几万名员工就没人想到，没人提出来呢？为什么日本及其他国家的成千上万的电器公司，在长达几十年的时间里，竟没人想到呢？自有电风扇以来，它的颜色就是黑色的。虽然谁也没有作过这样的规定，而在漫长的生产过程中已逐渐成为一种惯例、一种传统，似乎电风扇只能是黑色的，不是黑色的就不称其为电风扇。这样的惯例、这样的传统反映在人们的头脑中，便成为一种根深蒂固的思维定式，严重地阻碍和束缚了人们在电风扇设计和制造上的创新思考。

很多传统观念和做法，有它们产生的客观基础，而得以长期存在和广泛流传，也有其自身的根据和理由。一般来说，它们是前人的经验总结和智慧积累，值得后人继承、珍视和借鉴。但也不能不注意和警惕：它们有可能妨碍和束缚我们的创新思考。

以细节为突破口，改变思维定式，你将步入一个全新的境界。一些细节，因其微小被人们忽略了，然而却造成了大问题，带来了大麻烦。一些聪明人善于从细节做起，从而使局面得到很大的甚至是彻底的改观。

每天都有新想法的吉尔博夫妇

1970 年，曾经过了 20 年"嬉皮士"生活的吉尔博夫妇，开始建立起自己的"西屋"时装店。设在巴黎的"西屋"随着两人不断求新的性格而不断地变换产品，新潮服装在货架上接二连三地出现，它像一块磁铁，吸引着一些青年人。

随着时间的推移，"西屋"的名气越来越大。吉尔博继续用粗蓝布料不停地设计、剪裁，之后缝制、出售。功夫不负有心人，他们终于创出了牌子。伴着商场里散发着的皮革的清香和鞣料的气息，"501"牛仔裤终于赢得了顾客的信任。吉尔博夫妇欣喜若狂，他们的事业终于取得了成功。

他们的时装以自己独特的魅力、潇洒的风格、新颖的款式，而获得众多顾客的喜爱。他们设计的时装不仅吸引着法国的人们，就是在美国、意大利、加拿大等国家，也拥有众多的追随者。

随着"西屋"影响日益扩大，成衣商们开始眼红起来，他们意识到仿制吉尔博服装的款式一定可以大发横财。于是，假冒产品不断出现。类似吉尔博夫妇设计的服装充斥着各地市场，就连巴黎中央市场的服装区，也有许多冒牌货。面对假冒服装的泛滥，吉尔博夫妇束手无策，又一次濒临破产的边缘。

正当吉尔博夫妇痛苦之时，意大利一位商人阿尔多·齐阿瓦塔，向他们伸出了援助之手，把这对快要破产的夫妇从"死亡"的边缘拉了回来。而吉尔博夫妇则决心抓住这个机会大干一场。很快，齐阿瓦塔投资生产的系列服装"CLOSED"投向市场。出乎吉尔博夫妇所料，这个系列很快就占领了市场，销售量猛增。

随着"CLOSED"系列不断在市场上走俏，吉尔博夫妇更加信心百倍，斗志高昂，又迅速地推出一系列产品。这些系列中每个产品都注有自己的商标，每个系列都是各自独立的，这也是他们从过去的遭遇中总结出的教训。没想到这种做法无意中竟成了自己的特色。至今，吉尔博服装中仍有几个商标是独立的。

在牛仔裤取得成功之后，吉尔博夫妇同一位好友共同创立了山林公司，主要经营皮草服装。他们接着把目光投向了儿童，因为童装的消费是个前景广阔的市场。他们说干就干，童装系列产品很快出厂，走向市场。即使现在，MAILIA等商标的产品仍是人们争购的对象。

吉尔博夫妇对服装市场有着相当敏锐的洞察力，这不仅使他们保证了自己持续发展的势头，还为自己的企业扩大了经营范围。他们的产品遍布世界各地，吸引着众多的顾客。他们那潇洒的粗布猎人裤和直筒农妇裤，他们设计的"囊袋裤"、"爷爷裤"和加拿大的"骑警裤"等款式，也是既新颖又实用，深受消费者青睐。

在经营过程中，吉尔博夫妇认真对待每一个系列的产品，从设计、剪裁、缝制，一直到出售，他们都要追踪调查顾客的兴趣，倾听顾客的意见。为投顾客所好，他们常常标新立异，使自己设计的每个系列都能强烈地吸引顾客，让顾客过目难忘，非买一件试试不可。如今的吉尔博夫妇，不仅在法国的外贸经济上占据重要地位，而且在世界上也颇有影响，他们的企业已成为跨国企业。山林公司的子公司已经遍布日本、美国、澳大利亚、西班牙等国，公司年营业额高达数亿美元。

吉尔博夫妇就是这样靠不断创新产品，最后成为法国的牛仔裤巨头。

成功者之所以成功，并非他们在做多么伟大的事情，而在于他们不因为自己所做的是小事而有所倦怠和疏忽，在于他们能看到别人看不到的细节。伟大的成就来自于细节的积累，无数的细节就能改变生活。我们唯有在把握细节中预约精彩，在研究细节中积淀智慧，才能在实践细节中走向成功！

07. 改变细节，与众不同

创新存在于每一个细节之中。不起眼的细节，往往会激发创新的灵感，让一件简单的事情获得一次超常规的突破。创新不是浮夸的东西，它要做的是具体的事，只有关注工作生活中的每一个细节，才能把创新工作做好。细节不同，结果就不一样。莫道"山重水复疑无路"，留心细节，必将"柳暗花明又一村"。

李彦宏与百度的发展

一家公司想要成为市场上的领导者，首先要有领导者的心态，那就是要坚信你做这件事能比其他所有人都做得好。在这种心态下，把每件事情都做到极致，你就能最终成为领导者。

每当百度公司有部门在汇报项目进展说"我们这个产品比上一个版本好了多少多少"的时候，李彦宏总是要问一句："你这个产品是不是比市场上所有的竞争产品都要好，而且明显好很多？"李彦宏的言下之意，就是你有没有把事情做到极致。

"闪电计划"是百度将事情做到极致的一个典范。2001年底，中国互联网正经历泡沫破灭的阵痛。当时还只是搜索引擎服务提供商的百度也面临客户拖延付款的财务困境。李彦宏思考良久，2002年春节的鞭炮声未熄，他便亲自挂帅，发动"闪电计划"，并以一如既往的平静口吻告诉工程师们："我们这个小组要在短时间里全面提升技术指标，特别是在一些中文搜索的关键指标上要超越市场第一位的竞争对手。"

那时，百度与市场第一名的规模相差几十倍，而当时百度产品技术团队只有15个人，要做出对手800个人做出的产品，这样的超越谈何容易？工程师们唯有日夜无休地开发程序，闭关苦修。

在最困难的时刻，李彦宏为大伙儿打气："我们必须做出最好的中文搜索引擎，才能活下去，而且活得比谁都好。你们现在很恨我，但将来你们一定会爱我。"

正是这次只有15个人参与的闪电行动，用了9个月时间，抢占了用户体验的制高点，一举奠定百度在中文搜索领域的龙头地位，从此，百度的市场占有率节节攀升，路越走越宽。

在一次战略沟通会上，李彦宏通过网上直播再次向全体百度人重申："我们做事必须有领导者的心态，要best of the best，把每件事做到极致，做得比别人更好——不是好一点儿，而是好很多。"

在李彦宏的心里，这个极致是永无止境的。

吴维宁的坚持

在南瑞集团公司，有一位"驯电高手"，即该集团副总经理吴维宁，数十年坚守科研开发第一线，带领团队摘得国家科技进步一等奖，多项成果打破国外垄断，推动企业转型升级，创收数十亿元。

"子弹不能做得比枪还复杂，一定要考虑恶劣自然环境对电网保护装置的影响，关键时刻在现场必须起作用。"吴维宁此话，正是对所从事科研工作的绝佳诠释。

许多人都对2008年那场冰雪灾害记忆犹新。2008年初，低温雨雪冰冻灾害导致我国南方很多电网设施遭受严重破坏，其中输电塔倒塌70余万架，3000多万户断电，直接经济损失250亿元。为提高电网对极端气候的抵御能力，国家电网公司启动电网大范围冰冻灾害预防与治理关键技术研究，吴维宁牵头负责直流融冰装置研发。

这套系统要赶在当年年底前投入运行，时间紧迫。吴维宁夜以继日攻关在一线，南瑞集团技术中心总工程师吕宏水记得在浦口实验室熬的一个个通宵："吴总对技术有兴奋感，问题和困难不断激发他的研究兴趣，他创新地提出级联二极管整流方案，简单、可靠、易实现，一举解决困扰大家的技术难题。"

短短一年多后，融冰装置就在湖北咸宁投运，有效抑制线路覆冰问题，很好地应对雨雪冰冻灾害。

吴维宁随身总带着记录本，工作中的问题和经验随时记录，一年用掉几十个记录本，形成一笔可贵的财富。国网智研院研究室副主任黄在朝介绍："吴总最爱说的话是，如果你把一件事做到极致，想不成功都难。他正

或许生命会自己为自己开辟
亦你意想不到的道路

是这样不断实践，带领团队建起世界上规模最大的电网广域雷电监测网，完成变电站基于通信信息平台保护测控一体化系统研发，为国家电网稳定运行保驾护航。"

星巴克的创造

科技的进步不都是打破故旧以后重新改造，而多是在关注细节的改进中进步的。人生亦如此，我们不能因追求进步而彻底否定过去，更多的是在改进细节中取得进步。

星巴克开发出一种金属箔作为包装材料。这种材料最大限度地阻隔了氧气和潮气，可称得上是延长咖啡流通时间的划时代的新技术。星巴克公司在这个包装袋上安装了特殊的阀门扣，这个扣能把咖啡氧化时所产生的气体排出，使咖啡始终维持在真空状态。这项重大发明把咖啡的流通期限从一周延长到一年以上。自从发明了这项技术，星巴克咖啡得以源源不断地运送到世界各地。

为了调制出顶级咖啡，星巴克还从其他一些细节出发，积极运用互联网技术创新。星巴克提供手机无线充电服务、通过数字化赢得客户，除了可以网上订购早餐、午餐、晚餐、夜宵或各类特色小吃外，星巴克还推出员工大学计划，与美国亚利桑那州立大学合作，给员工提供免费在线课程，并把福利延伸至员工家属。同样是咖啡厅，也许不同之处就是细节之处的服务提升。

　　列宁说："要成就一件大事业，必须从小事做起。"鲁迅说："巨大的建筑，总是一木一石叠起来的，我们何不做这一木一石呢？"这些至理名言，对我们都有很大启示。若想在工作、生活中取得成就，就必须从大处着眼，从小处入手，从点滴做起，把细节做到极致就是创新。

第四章

‖

团队合作是最大的执行力

01. 团队合作是成功的保证

很多情况下，要把一件工作落实到位，光靠一个人的努力是不够的，还需要团队的配合，即所谓的合作，它是提高工作效率最有效的手段，也是现代企业发展与员工落实工作的必要途径。

索尼在世界产业界是一家闻名遐迩的公司，其创始人井深大与盛田昭夫在长达51年的时间内，共同经营索尼。他们的合作是天衣无缝、无懈可击的，在公司的很多重大决策上，井深大坚定地站在了盛田昭夫这一边，把公司运营完全交托于盛田昭夫，自己则专注于技术研究；而盛田昭夫更多地以井深大为支柱和精神上的依托，无论有什么想法，他都会与井深大交流，在井深大那里获得验证，把井深大当成是他面对外部世界的力量源泉。他们从青年时期一起走过困境，步入辉煌，进入垂暮，甚至到中风失去说话能力的时候，井深大与盛田昭夫都始终相互沉醉于彼此的高度默契之中。

尺有所短，寸有所长。随着现代企业的不断发展，社会分工也越来越精细，每个员工都不可能成为百科全书式的人物，必须借助他人的智慧来完成自己人生的超越，因此，合作才有利于"双赢"。

　　某公司要招聘一个营销总监，前来应聘的人很多，经过层层筛选，最后有三名优秀者脱颖而出，也就是说只剩他们三个人有资格来竞争这个职位。

　　为了测试谁更适合担任这个角色，公司给他们出了一道考题：请三个竞争对手到果园里摘水果。

　　这三名竞争者一个个子高大，一个伸手敏捷，还有一个个子矮小，在正常人看来，前两个人最有可能成功，结果却恰恰相反，最后是那个个子矮小的人获胜了。这究竟是什么原因呢？

　　原来，这道考题是经过精心设计的，竞争者要摘的水果都在很高的位置，而且树梢上的水果最多。身手敏捷的人，尽管可以爬到树上去，但是树梢的部分，他就够不着了，个子高的人，尽管一伸手就能摘到一些果子，但是毕竟高度有限。而那位个子矮小的应聘者意识到这次招聘非同寻常，所以他在刚进果园时，就非常热情地和看园子的老人家打招呼。他十分谦虚地请教老人家树梢上的那些水果平常是怎样摘下来的。老人家告诉他借助梯子。于是，他就向老人家借了梯子，老人家非常爽快地就答应了。

　　这位个子矮小的人有了梯子，摘起水果来自然很轻松。当然，他摘的水果比那两个人的都多。他成了最后的胜利者，获得了总监的职位。

　　从这个故事中，我们可以看出，主考官考的是团队精神中的一项重要内容——通过对他人的关心和支持，培养赢得别人帮助和协作的能力。

　　我们生活在一个合作的时代，合作已成为人类生存的手段。个人英雄主义的时代已经成为过去，一个人如果只知道自己工作，平常独来独往，在当今时代想要获得成功是一件很难的事。因此，要想很好地落实工作，一个人的能力已经不再占主导地位了，各成员间的团结协作才是最重要的。团结合作，能够使我们从别人那里学到更多对自己有用的东西，让自己得到更快的提升。在团队合作中，我们应该做到以下几点：

——善于交流

在一个办公室工作，和同事之间肯定会存在某些差别，如知识、能力、经历等，从而造成在对待和处理工作时会产生不同的意见。这时就需要协调，交流是协调的开始，要把自己的想法说出来，还要倾听对方的想法，你要经常说这样一句话："你看这事怎么办，我想听听你的想法。"

——积极乐观

当遇上非常麻烦的事时要乐观面对，你要对你的同伴说："我们是最优秀的，任何困难都难不倒我们，我们会成功的。"

——创造能力

谁都知道一加一等于二，但你应该让它大于二。培养自己的创造能力，不要只安于现状，试着发掘自己的潜力。一个表现突出的人，除了能保持与人合作以外，还需要有人愿意与你合作。

——接受批评

把同事和伙伴当成你的朋友，坦然接受别人的批评。如果一受到他人的批评你就暴跳如雷，那么谁都会对你敬而远之的。

——平等友善

即使你觉得自己无论在哪个方面都很优秀，对于眼前的工作，即便你觉得自己完全有能力一个人解决，也不要显得太过张狂。要知道今天能独立完成工作，不代表以后也能独自完成一切。所以还是要友善一些，平等地对待他人为好。

从以上几点不难看出，一个团队、一个集体，对一个人的影响是十分巨大的。善于合作、有优秀团队意识的员工，整个团队也能带给他无穷的利益。

因此，对于一名员工而言，只有建立一个目标一致、分工明确、组织有序的团队，才能通过信息共享和资源共享，高质量地完成自己的工作；只有充分发挥团队成员的合作力量，才能面对急剧变化的环境及日趋激烈的竞争。一个重视团队精神的员工，才有可能在激烈的市场竞争中获取胜利。

否则，落实工作将是一个难题。总之，对于任何一名员工来说，当你通过在团队中与同事间的精诚合作，将个人独特的优势在工作中淋漓尽致地展现出来，你便会把工作落实到位，最终赢得领导的赏识，拥有自己事业上的成功。**在这个需要合作的时代，作为员工，要珍视身边的合作机会，珍惜身边每个有可能合作的人。**

02. 团队力量大于个人力量

在工作中，一个人，无论他的经验有多丰富，水平有多高，单靠自己的力量是不可能在某项事业上取得成功的。再说，人无完人，只要是人，多多少少总会存在一些缺点。只有融入一个优秀的团队中去，才能够实现优势互补，达到完美的境界。所以，要想高效地落实工作，一定要先融入团队中去，明智且能落实到位的捷径就是充分利用好团队的力量。

有一家世界500强的大企业要招聘3名高层人员，在初试的上百人中有9名优秀应聘者脱颖而出，进入了由公司董事长亲自把关的复试。董事长了解了这9个人的详细资料和初试成绩后，感到非常满意，于是就给大家出了最后一道题。他把这9个人随机分成了甲、乙、丙三组，并分别派给他们任务，指定甲组人去调查女性用品市场，乙组人去调查婴儿用品市场，丙组人去调查老年人用品市场。

董事长分别对他们解释道："我们录取的人是用来开拓市场的，让大家调查这些行业，是想看大家对一个新行业的适应能力。为了让大家有目的地展开调查，我已经让秘书准备了一份相关行业的资料，你们自己到秘书那里去取。"

第二天，9个人分别把自己的市场分析报告交给了董事长。董事长看到最后时，露出了满意的笑容，同时走向乙组的三个人，分别与他们一一握手，祝贺道："恭喜你们，你们已经被本公司录用了。"

其余两组人露出疑惑的神情，董事长接着说："请大家打开我叫秘书交给你们的资料，互相看看。"原来，每个人得到的资料都不一样。甲组的三个人得到的资料分别是本市女性用品市场过去、现在、将来的分析，其他两组情况也是同样。董事长继续说："乙组的三个人非常聪明，互相借用了对方的资料，补全了自己的分析报告，既提高了工作效率，同时也体现出了团队精神。而甲、丙两组的人却分头行事，丝毫没有合作意识。我之所以出这样的题目，目的就是要考察你们的团队意识，因为团队合作精神是落实工作的保障！"

一个人是否具有团队合作精神，将直接关系到他的工作业绩。在专业化分工越来越细、竞争越来越激烈的今天，单凭个人力量根本无法面对千头万绪的工作。相较一个团队而言，每一个角色都是至关重要的。不论能力强与弱，也不论是领导还是员工，其在团队中的地位是没有高低之分的，在团队之中个人力量只是一部分力量而已，唯有团队力量才是整体的力量。因为团队的成功是集体的成功，并不是某个人的成功。一个人虽然可以凭借自己的力量取得一定的成就，但是，毕竟成就有限，一个人若是能把自己的能力与别人的能力结合起来，汇聚成更大的力量，那最终的成功将是不可限量的。

一天，山洪暴发，冲破了堤岸，一个小镇被洪水淹没。第二天清晨，水势稍退，受灾居民站在高处，望着被水淹没的家园。远处洪水滔滔，潮声隐隐，近处残垣断壁，满目疮痍，居民更觉得在大自然面前，人类的力量是多么渺小，都禁不住黯然伤神。

突然，有人惊呼水中飘着一个黑点，人们顺着所指方向一看，黑乎乎的像是一个人的样子，于是会游泳的人立刻跳入水中，游向黑点。

然而，当他游到黑点跟前的时候，他忽然转身，向翘首观望的人们摆了摆手，然后就游了回来。

"怎么回事？"众人问道。"那不是人，是一个蚁球。"那人说。"蚁球？"众人依然不解其意。询问之间，只见那个蚁球左摇右摆飘了过来，

人们定睛一看，数以万计的小蚂蚁勾肩搭背，紧紧地缠绕在一起，组成了一个巨大的蚁球。终于，它们靠岸了。然后蚂蚁十分有秩序地散开，去寻找更好地方，重建新家园。离岸很近的水中，遗留了被激流冲散的小蚁球，它们依然紧紧地抱在一起，通过一次次的努力，它们最终还是成功了。它们通过团结和合作，换来了整个蚁群的延续。

这个生动的故事告诉我们，即使是自然界最渺小的生物，若是能够团结起来，就能产生出惊人的力量，战胜困难，重获新生。

从蚂蚁团结、合作求生存到实际的工作中，我们不难看出，很多落实的成功都是某种合作形式下的产物。在追求个人落实成功的过程中，任何一个员工都离不开团队的合作，离不开别人的帮助，而身为管理者同样如此。管理者的任务就是协调好群体，管理者应该将自己看做合作者，看做共同群体的一个部分。所以，管理者应当更多地依靠他的知识和专长而不是依靠他的职务即所谓的权力去领导下属。

一个好的创业团队，员工和领导之间的能力通常都能形成良好的互补，而这种能力互补也会有助于强化团队成员间彼此的合作。只有这样，才能够最终实现个人与团队的共同成功。

总之，合作会增强力量，分裂会削弱力量。如果你想要获得工作落实的效果，那么从现在开始就去积极融入团队，与同事通力合作，共同努力完成任务吧！**与团队并肩作战，是员工具有良好团队精神的重要特征，也是执行力的有力保障。**

03. 不做"独行侠"

曾经荣登世界首富之位的保罗·盖蒂说："我宁可用 100 人每人 1% 的努力来获得成功，也不要用我一个人 100% 的努力来获得成功。"什么是"独行侠"？就是希望在团队中，扮演特立独行的人物，靠着自己的力量去做出一番事业，让别人都成为自己的陪衬。这样的想法，用在艺术领域，那定然能够做出点别出心裁的东西，可用在职场上，却是一个绝对的硬伤。

任何一家公司的运转，靠的都是团队的协作，没有哪个公司是单靠一个人撑起来的。且对个人来说，想要充分发挥自己的才能，实现最大的价值，也要积极地融入团队。靠一己之力闯天下，不懂得、不屑于跟身边的人合作，往往只能取得阶段性的成功，很难有长久的发展。这就是我们常说的，一滴水想要不干涸，唯一的办法就是融入江海中。

赵鑫是一家公司的商务人员，工作能力很强，进入公司不久，就在一次商务谈判中，为公司签了一笔大单。这样的突出表现，让他深得老板的赏识。也许是年轻气盛，刚取得一点成绩就不禁生出了骄傲之心，他觉得自己很了不起，处处比其他人高一等。他在工作中开始变得"独"起来，不愿意跟其他同事沟通、交流，即便是说话，也摆出一副高高在上、目中无人的样子，仿佛别人都是在跟他讨教经验。

他的这种态度，很快就招来了同事的不满和厌烦。谁也不愿意看他的脸色和颐指气使的样子，纷纷疏离他，将其排斥在团队之外，有什么事情也不愿意跟他合作。赵鑫也发现了同事的变化，但依旧我行我素。

自那以后，赵鑫的工作开始处处受阻。原来有同事帮忙协助，他不觉得工作有什么难度，而今，没有任何人再给他帮忙了，凡事都得自己来，明显感觉精力不足、考虑不周。结果，在一次办理业务的过程中，他出现了一个大的疏漏，导致公司损失了十几万。这件事情让他无颜继续在公司待下去，只好主动跟老板承认错误，悻悻地离开。

像赵鑫一样孤傲的人，职场上并不少见，他们的结局大都是一样的，就是被团队所抛弃。卡耐基说过，一个人的成功，个人技能只占15%，人际关系的成分占85%。如果不融入团队，即便有再多的才华，也难以展示出来。在这方面，苹果创始人乔布斯的经历，就是一个最好的证明。

乔布斯的才华是有目共睹的，他22岁开始创业，仅用了四年的时间，就把苹果打造成了一个颇具竞争力的大企业。同时，他自己也成了拥有2亿美元资产的富豪。不少媒体将乔布斯誉为创业奇才，然而就是这位奇才，不久后却被自己亲手创办的公司赶了出去。当时，乔布斯年轻气盛，管理风格以"火爆"著称。在公司里，他总是拿出一副高高在上的架子，对下属不屑一顾。大家都很畏惧他，生怕哪儿做得不好惹怒了他，就连乘坐电梯都不愿意跟他一起。最后，乔布斯的合伙人斯卡利也发飙了，对乔布斯的跋扈姿态忍无可忍，外加两人在公司的发展策略上看法不一，矛盾不断加深。最后，斯卡利公然宣称：苹果如果有乔布斯在，我就没有办法继续干下去。两人的矛盾到了不可调和的地步，公司董事会只好决定二选其一。结果，乔布斯被削了实权，而斯卡利得到了更多的管理权，因为他与员工相处得更好，能给大家带来积极的力量。这一年，乔布斯 30 岁。多年后回忆起这段经历时，乔布斯说："我失去了贯穿在我整个成年生活的重心，打击是毁灭性的。"在离开苹果的几个月里，乔布斯很迷茫，不知道该做什么，甚至有逃离硅谷的打算。可经过了一段时间的反省和调整，他最终决定，还要回苹果，在哪儿摔倒在哪儿爬起来。

被苹果解雇看似是一件坏事，但也是成就了乔布斯的转折点。若没有那一次经历，他可能不会认真地审视自己，完善自己。历经了痛苦和挣扎后，乔布斯给自己重新定了位，他开启了人生最具创意的时期，建立了几家公司，其中一家后来也被苹果收购。1996 年，苹果公司重新雇佣乔布斯作为顾问。1997 年 9 月，乔布斯重返苹果，担任 CEO。此时，他的性情和从前大不一样了，变得圆融了，温和了。即使因为企业改组要解雇一些员工，他也显得很谨慎。原来人见人躲的"瘟神"，变成了一个有血有肉的管理者。这样的转变，也让他在事业上获得了更大的成功，并得到更多人的拥戴。

任何人的成功都离不开团队中其他人的配合与支持，无论他多有才华，职位多高，完全脱离他人的协助去奋斗，是很难成功的。在团队中，实现个人的"以一当十"并不难，真正难的是实现团队中的"以十当一"，前者只需要发挥一个人的潜力就够了，而后者却要最大限度地发挥十个人的潜力，让大家的力量拧成一股绳。

老板都希望自己的团队里有"英雄"，他能在关键时刻挺身而出，为了集体的利益甘愿做出牺牲。可如果这个"英雄"只想一个人高高在上地享受他人的景仰，即便他再有想法、能力再强，也无法在这个团队中维持长久。因为，职场不需要个人英雄主义。

40 岁的刘先生，是一家公司的项目经理。跟他接触了几次，我感觉他是一个谦虚低调、不爱邀功的人，有什么好事都愿意跟同事一起分享。可他却跟我说，如果不是当初亲身经历过逞个人英雄主义以失败告终的事，他不可能有今天的一切。

5 年前，刘先生从一家大型知名企业跳槽到现在的公司，跟他一起入职的还有一位"海归"。刘先生觉得自己从外企到国企，无论经验还是能力，都比土生土长的国企人强；而"海归"也不甘示弱，觉得自己有海外生活与工作的背景，高傲得不可一世。

入职后，公司安排刘先生与"海归"一起带团队做产品研发。在工作中，刘先生明显感觉到"海归"对自己和其他同事的排斥，有什么想法和建议从来都不跟大家商量。有时候，大家在办公室里会听见他打电话，用英文与外国同行们交流产品研发的问题，虚心向人请教。可是，一放下电话，他马上就变得冷傲起来，听不进任何意见，有些同事的想法还被他当面嘲笑。

时间长了，大家对他是怨声载道，工作的积极性也没了。最后，那个研发产品不仅没能按时出成果，一些精英员工也因与"海归"的种种不合，跳槽的跳槽、转部门的转部门，整个团队变成了一盘散沙。老板知道后勃然大怒，"海归"也引咎辞职。整个事件中，唯一获益的人就是刘先生，他被大家推荐成新的项目经理。

一个项目的成功、一个公司的壮大，更多的是依靠团队的力量。当个人利益与团队利益发生冲突时，一切要以大局为重，而不是逞个人英雄主义。如果无视他人的配合协作，一味地追求自我，瞧不起任何人，这种风气不仅会影响人际关系，还会导致团队士气的下降。团队合作是不能有私心的，都得秉承着一份责任心和一份奉献的精神。成功不是压倒别人，而是追求各方面都有利的一面，经由合作共赢。就像阿瑟·卡维特·罗伯特所言："任何优异成绩都是通过一场相互配合的接力赛取得的，而不是一个简单的竞争过程。"

为了团队的利益，为了自己和同事的利益，我们当摒弃做"独行侠"的念头，时刻牢记把合作发挥到最大限度，团队成功了，个人也就成功了。

04. 学会当"配角"

雷锋在日记里写过这么一句话："如果你是一颗最小的螺丝钉，你是否永远坚守在你生活的岗位上？"此话置于现代职场，依旧是一个值得反思的问题。多少人都想做光鲜亮丽的工作，担任重要的职位，不屑于做一颗"螺丝钉"，甚至看不起平凡的工作，总觉得那没什么价值。其实，这是一种大错而特错的观念。

企业就像是一台机器，由成千上万个零件组成，核心部件发动机固然重要，可每一颗小小的螺丝钉也不容小觑，一颗螺丝钉发生了松动，都可能影响整台机器的运转。如果此刻的你刚好就是企业里的一颗螺丝钉，那么你首先要摆正自己的心态，清楚你的存在对企业的重要性。唯有这样，你才会坚定地守住自己的位置，在这个位置上闪闪发光。任何岗位都有存在的意义和价值，没有平庸的角色，只有平庸的心态。不懂得立足于本职的人是难有成就的，光鲜亮丽的职位固然有诱惑力，可若没有配角的努力和协助，整个团队的人都可能会失去现有的一切。

有一位年轻的小伙子到麦肯锡公司面试，他的简历和表现都很出色，一路过关斩将，一直冲到了终试。终试不再单独面向个人，而是小组面试。这个小伙子口齿伶俐，抢着发言，在他咄咄逼人的气势下，小组的其他成员根本就没有说话的机会，连面试的考官都为之叹服。面试结束后，小伙子沾沾自喜，对自己的突出表现很是满意。然而，等录取结果出来后，他却意外地落选了。麦肯锡的 HR 经理给出的理由是：个人能力很强，但从小组面试的表现看，缺乏团队合作精神，对公司的长远发展不利。

企业是一个整体，为了团体的利益，为了工作的完美，很多时候需要舍弃个人英雄主义。虽然工作是展示个人能力的平台，可作为企业中的一员，你的言行举止都应当顾全大局，必要的时候甚至要甘当配角，对整个团队负责。千万不要错误地认为，这是埋没了自己的才干，事实上，我们所见证到的那些伟大，多数情况下都是属于团队的。

提起迈克尔·乔丹，你一定不会陌生，他曾是 NBA 最伟大的球员。说他伟大，不单是因为他出色的球技，能成为篮球场上的灵魂人物，更重要的是，为了球队的胜利，他在赛场上能付出任何不求回报的牺牲。很多球员都想着，要如何争取更多的上场时间，如何得分，如何吸引观众的目光成为媒体的焦点，可迈克尔·乔丹想得却很纯粹，就是为了整个团队的胜利，他愿意放下巨人的架子，摘下球星的光环，去做一个配角，给队友助攻，帮队友防守。这种负责任的团队精神，感染了他的每一位队友，也让球迷们为之钦佩。

职场也跟球场一样，如果一个人只想着如何出风头，只想担任重要的角色，对配角不屑一顾，也不懂得顾全大局，这样的人对企业来说，非但没什么价值，还可能会成为破坏团结氛围的负能量源。既然是一颗螺丝钉，那就放平心态，以"螺丝钉"的精神融入工作和生活中，发出自己的光和热。哪怕自己是单位里的重要人物，也应当有敢于做配角的勇气。

一个研究所的副所长，由于行政事务繁多，无法把全部精力放在课题研究上。为了保证正常的进度，他的助理通过艰苦的努力，把研究成果做了出来，使得这个课题得到了有关方面的认可，赢得极大的荣誉。当报纸和电视台的记者纷纷来到研究所，试图采访那位副所长时，他拒绝了，说："这项研究成果是我的助手的功劳，荣誉应该属于他。"记者们听后，不禁为这位副所长的诚实与美德打动。他们在报道助手的同时，也把副所长的坦荡胸襟和行为都写了进去，副所长也得到了外界的好评和赞誉。

在关键时刻，在荣誉面前，甘于做配角是一种奉献，一种素养。反过来，若是处处争先抢上，凸显自己，反倒会让人觉得不成熟、虚荣轻浮。工作中有很多情况，都需要我们甘当配角，比如刚进入一个新领域，要秉持谦卑的姿态，去向"主角"学习更多的东西；作为老员工，也得适当让新手们去锻炼，去表现。公司喜欢的人才，向来都是"黑马"的类型，而不是"出头鸟"。

有人会说，不想当将军的士兵不是好士兵。有理想和追求固然好，但在成为将军之前，一定得先把士兵的角色扮演好，做不好士兵的人是没有资格当将军的。在事业的道路上，先得培养自己有一个好心态，能脚踏实地从本职岗位做起，配角做好了，凸显了自己出色的演技，才有成为主角的可能。再者说，职场不是个人的秀场，主角的存在一样是为了团队的利益，只要时刻把企业放在心里，无论饰演的是什么角色，都能秉承任劳任怨的姿态，一样能获得尊重与赞誉，实现自我的价值。

05. 善于为人处世才能与人良好合作

如果现在问你，职场最受欢迎的新宠是什么，你会如何回答？

宝洁和思科等巨头企业，曾开展过一项搜寻"影响力员工"的活动，意在寻找员工中那些人缘特别好、备受同事信赖的人。找出这些人后，企业会利用他们的影响力来推出新的产品、拉动其他员工赞同一些大的变革，或是在企业内传播消息。为了找出这些员工，有些企业特意展开调查，提出"你在工作中遇到问题时会找谁帮忙？""你在工作中心情糟糕时会去找谁？"之类的问题。调查的结果，常常会勾勒出一个密如蛛网的人际关系网。企业的领导者说，影响力员工所具备的能力、发挥

如果，你拥有一万双眼睛，
为什么一直还只用一双眼睛看世界？

的价值，有时与其职务是相符的，如与多部门进行合作的项目经理；但有时也存在例外，比如某公司维系着两大洲办公室之间微弱关系的人，就是一名 IT 员工。

看到这里，我想你应该知道答案了！过去不太受重视的好人缘员工，现在已成为众多企业追捧的人才。论个人能力，也许他们不是那么突出，可他们有能力鼓舞整个团队的士气，带领整个团体提高业绩，这样的人才是老板最想要的，也是最需要的。

为什么人缘在工作中如此重要？很简单，它代表着一种为人处世的能力！一个员工的专业技能再强，才华再横溢，如果不懂得如何与周围人相处，只会四处碰壁，遇到麻烦没人帮忙，说不定还会有人借机落井下石，让他的处境更加艰难。这样的事情，现实中不是没有。

从普通职员晋升到中层管理者，这是职场成功的第一道门，可就是这道门，把太多人挡在了门外。在职场中生存，在企业中发展，你需要老板的肯定，但更需要同事的支持。否则，就算老板给了你相应的职位和权力，你的工作也没有办法展开，得不到相应的配合与协助，无法将人心人力凝聚在一起，再完美的决策都是纸上谈兵。

美国某大铁路公司总裁史密斯说："铁路 95% 是人，5% 是铁。"美国石油大亨洛克菲勒说："我愿意付出比天底下得到其他本领更大的代价来获取与人相处的本领。"美国前总统西奥多·罗斯福的观点更直接："成功的第一要素是懂得如何搞好人际关系。"

在美国，曾有人向 2000 多位雇主做过这样一个问卷调查："请查阅贵公司最近解雇的三名员工的资料，然后回答解雇的理由是什么。"结果显示，无论什么地区、什么行业的雇主，70% 的答复都是："他们是因为不会与别人相处而被解雇的。"

有可能的话，在工作中多结交一些朋友吧！积累一个好人缘，比什么都重要，它会是你终身受用的无形资产和潜在财富。毫不夸张地说，如果你学会了处理人际关系，有本事让自己成为一个受欢迎的人，那么无论你身处什么领域，从事什么职业，都会有人在你喜乐尊荣时鼓掌喝彩，在你身处困境时铺石开路，这就是人缘的力量！

以尖刻的幽默著称的爱尔兰作家萧伯纳，在苏联访问期间与一个可爱的小姑娘玩耍了半天。临别时，他对小姑娘说："回家告诉你妈妈，今天和你一起玩的是世界著名的文学大师萧伯纳。"小姑娘看了他一眼，学着他的口吻说："回去告诉你妈妈，今天和你玩的是苏联美丽的小姑娘喀秋莎。"这番话，让萧伯纳顿时哑口无言。后来，萧伯纳把这件事作为教训铭记于心，并发誓要时刻尊重他人。

人与人之间的交往，应该建立在平等与尊重的基础上。尤其是同事之间相处，这种以工作为纽带的关系不同于亲情，如不注意分寸，一旦失和，不仅伤害感情，还会影响到工作的状态，乃至整个团队的效率。

1960 年当选牛津大学校长的英国前首相哈罗德·麦克米伦，曾提出过人际交往的四点建议：（1）尽量让别人正确；（2）选择"仁厚"而非"正确"；（3）把批评转变为容忍和尊重；（4）避免吹毛求疵。可以说，这些建议都是围绕着"尊重"提出来的。

那么，具体到工作中，如何来体现对同事的尊重呢？

——礼节是最基本的尊重

没有谁会喜欢一个见面耷拉着脸、冷若冰霜的同事，在同一家公司做事，即便彼此已经很熟悉了，见面时依然要热情地打招呼，以显示对他人的尊重。千万不要摆出一副高高在上的样子，总是等着别人先开口。

——尊重同事的独立人格

每个人的出生、经历、社会贡献都不同，可在人格上却都是平等的。与同事相处，要尊重他人独立的人格，不能乱起绰号、拿别人的事情当笑料、取笑挖苦他人，这些都是没有素质的体现。一个低素质的人，如何有资格成为公司的中层或高层？别忘了，在老板眼里，素质与能力同样重要。

如果某位同事跟你关系较好，将自己的隐私告诉你，那说明他对你足够信任，你要做的就是，自觉为他保守秘密。如果他在别人口中听到了自己的秘密被公开曝光，肯定会认为是你"出卖"了他，这会严重影响彼此间的关系。与此同时，也会让其他同事对你产生怀疑和否定，不敢与你推心置腹，即便是工作上的事，对你的信任度也会大大降低。

——尊重同事的工作成果

L 和 W 是同事，L 尽职尽责、表现良好，深受老板器重；W 不善交际，与同事的关系一直比较紧张，看到老板对 L 的赏识，心里很不平衡。在一次讨论会上，L 刚刚说完自己的设想，请大家发表意见，W 就阴阳怪气地说："L 花了这么长时间收集资料，一定挺辛苦的，可我觉得没什么实用价值。"如果你是 L，冥思苦想了许久，最后拿出来一个自认为比较满意的方案，结果被同事一句话就给否定了，你会不会觉得自尊心很受伤？己所不欲，勿施于人。每个人的工作成果都凝结了心血和精力，当别人展示自己的成果时，不要马上予以否定。就算有不同的意见，也要用他人容易接受的方式提出来，还要注意对事不对人。

——做错了事要及时道歉

唇齿相依，难免磕磕碰碰。同事每天在一起工作，一定会有分歧和摩擦，若真发生了矛盾，切忌斤斤计较，闹得沸沸扬扬。没有哪个老板想看见员工在上班期间吵闹，更何况，如果你总是这样处理问题，老板也会认为你不懂得控制情绪、不善于处理矛盾、不懂得宽容与谅解，难当大任。明智的做法是，是你的错就主动道歉，求得谅解；不是你的错，尽量做到对事不对人，不牵扯个人感情，不耿耿于怀。

——不要乱发脾气

办公室是工作的地方，每个人都是老板聘来的人才，没有谁比谁卑微，谁比谁高贵。不要把自己的私人情绪带到办公室，也不要对任何人颐指气使、乱发脾气，这是一种无能的表现，也是一种没有修养的表现，你的吼声越大，在同事和老板心中的地位越低。

——得饶人处且饶人

职场是一个非常考验人的地方，它考验的不仅仅是个人的能力，还有个人的修养品行。别人有错，可以指出，不要苛责。苛责客户，抓住把柄不放，可你们的合作也到此结束了。看似失去的只是一个客户，其实有许多潜在的机会也一并流失了。苛责同事，反复强调对方失礼、自己没有错，把人逼入死胡同，很有可能会激怒对方。冲突顿起，矛盾更难解决，就算表面讲和了，心里也会有个疙瘩，在一起工作别别扭扭。况且，你的言行举止其他同事都看在眼里，势必会忌惮你的小心眼和爱计较，对你敬而远之。长远来看，损失最大的还是你自己。苛责老板，更不可能有好结果。很多时候，老板们都是自知的，他不愿意承认错误是为了维护自己在员工面前的权威，你破坏了他的权威，叫他如何重用你？如果他重用了你，是不是暗示着所有员工都可以这样对待老板？学会同情和理解，学会宽容和礼让，这是一种做人修养，是一种交际美德，更是一种人生智慧。要知道，任何咄咄逼人的话都是有攻击性的，都会让人感到不舒服，你可能会赢了辩论，但也会输掉人缘，实在是得不偿失。

尊人者，人尊之。身在职场，你若能够做到一视同仁、不卑不亢、不仰不俯地对待周围的每个人，用平等的心态、平常的心情、平静的心境去看待职场百态，那么你收获的不仅是他人的尊重，还有老板的赏识以及成就大事的素养和能力。其实，工作中的问题，完全没有必要去争个高低胜负、分个你对我错，一来各自的立场不同，很难分清谁对谁错；二来解决问题的目的不是让谁服谁，而是让工作顺利地开展下去。即便是自己有理也要谦让别人，只有不执着于表面上的"胜利"，才能走得更远。

06. 集体利益永远第一

一个有奉献精神、有强烈责任心的员工，会把维护公司的利益作为基本的职业道德，视为"修身"的一部分。不管什么时候，都会把公司的利益放在第一位，而不会为了一己私利或个人得失，不顾大局，做有损公司利益的事。

惠特比斯是苹果公司的绘图员，每天为了查找资料，他都要往公司的资料室跑好几趟，疲惫烦躁且不说，就连工作效率也比在原来的公司低了很多。有一次，惠特比斯在绘图时，突然想起原来公司办公室的布局：他的办公室比较大，放了几个资料储存柜，查找资料很便捷。再看现在的办公室，似乎就是布局影响了效率。他想着，如果能调整一下办公室的布局，让办公桌靠得紧一些，就能腾出一块地方放几个书柜储存资料，肯定能提高工作效率。惠特比斯把自己的想法告诉了上司，上司觉得提议很好，当即就采纳了。此后，惠特比斯和同事再不用每天忙于往返资料室和办公室之间了，资料就放在办公室里，节省了查阅时间，也节省了精力，就这么一个小小的改变，年底部门的效益就增长了25%。上司为了嘉奖惠特比斯，给他发了丰厚的年终奖金。

现实中肯定有不少员工遇到过这样的情况，遗憾的是，不是所有人都会向上司反映情况，寻求更好的解决办法。有一些缺乏责任心、习惯了懒散敷衍的人，宁愿维持现状，每天处在来回地跑腿中，根本不考虑时间成本和公司的效益，反正自己每天都在做事，公司的资料室安排不合理，那是公司的事情，和自己没关系，不会主动献策。这看似是聪明人的明哲保身，其实于公司和个人来说，没有任何益处。

还有一种员工更为"可怕"，在公司里获得了认可和重用，就飘飘然了，盲目自大。一旦得不到心理预期的结果（如职位和薪资），或是觉得自己的所得不如其他同事，就会心生怨怼，觉得自己吃亏了，而后不择手段地去弥补自己的"损失"，哪怕是牺牲公司的利益，也在所不惜。

苏瑞就职于一家投资公司，做操盘手多年的他，经验丰富，业务娴熟，对股票市场有敏锐的洞察力，总能在恰当的时候买进卖出。到公司一年，就给公司创造了不菲的利润。年终大会上，经理特意邀请苏瑞坐在自己身边，夸赞了他的工作能力，还直言不讳地说，公司在股市里的盈利，多半都是苏瑞的功劳。

听到如此高的赞誉，苏瑞心里美滋滋的，因为他自己也是这么认为的，甚至认为公司上下全沾着他的光，毕竟有些同事做得不好，让公司亏损了不少钱。不过，在会议结束后，苏瑞打开年终红包，却发现年终奖金跟自己想象中相差甚远，失落感瞬间涌上心头。不过，碍于领导和同事都在场，他也没敢表现出来，但心里还是有怨气的，心想着自己做了那么多，结果却得到这么少，一定得用其他方式弥补回来。

后来，苏瑞利用自己手中掌握的公司资源，私下里进行了几次交易，将盈利揣进了自己的口袋。另外，他还私下抽出公司的部分资金，借给了一个朋友进行短期周转，为的就是拿到高额回扣。结果，这位朋友还未把钱还回来，公司在例行财务检查时，就发现了他挪用公款、私自炒股和资金他用的恶行。

由于苏瑞的行为严重损害了公司的利益，公司立刻停止了他的职务，并到司法机关立案。临走前，领导摇头叹息，替苏瑞感到可惜，说原本挺有前途的年轻人，没想到却是一个品性不端之人，只想着自己的得失。

行为直接反映着一个人的精神境界，能够把集体利益放在个人利益的前面，凡事以公司的利益为重，这样的人无论他的职位是什么，都证明他是有格局的，有成就大事的潜质。阿尔伯特·哈伯德说过："多年来我从没有见过危害公司的人得到过幸福，你也不会见到，永远不会。"一个人再有才能，若时刻只为自己的利益着想，也不能算是一个优秀的人，且最终都会被自己所在的平台抛弃。抵制住诱惑，维护公司的利益，实则是守住自己的良知。

甲乙两家公司在进行一场激烈的商业谈判，双方的交锋很尖锐，谁都不肯让步。

甲方的谈判人员，想要按照公司事先定好的计划来进行，但此事看来有些难，而这个项目他们又必须得做，毕竟利润很可观。只是，乙方有自己的底线，不会轻易亮出自己的底牌，面对这样僵持的局面，甲方人员一直在想办法。

由于摸不清楚乙方的谈判底线，经过几天的周旋，情况还是不太明朗。甲方公司的谈判助理提出："实在不行，可以试试给他们的谈判人员一些好处，如果谈成了的话，给他们一些回扣，这样的话对咱们来说，也算是舍小求大了，还是值得的。我听说，另外两家公司也介入了这个项目，如果不能尽快谈妥的话，恐怕夜长梦多啊！"

甲方谈判的负责人不太同意，觉得这样的做法有违公平竞争的原则。不过，最后他倒是提议，可以试一下，并说："我想证明一个问题。"助理不太懂上司的意思，只是觉得，没有人不喜欢钱。他制定好计划，就开始运作。没想到，事情并没有他想象得那么顺利，本以为自己的计划很周密，给乙方的回扣也很可观，但还是遭到了乙方的回绝。甲方的谈判助理悻悻而归。当他把这个消息告诉上司时，谈判负责人却笑了，点点头说："这就对了。"助理不太懂，但上司没有解释，只是说：

"明天你就知道了。"

第二天，谈判开始时，双方都没有说话。这时，甲方的负责人直言说道："我们同意贵公司的价格，就按照你们说的价格成交。"这样的结果，让甲方和乙方的谈判成员都感到有些奇怪。接着，甲方负责人解释说："我的助理所做的事，我是知道的，当时我没有反对，就是想证明一件事。事实证明，我猜得没错，贵公司的谈判人员不仅谈判技巧高，协作非常好，最重要的是，你们对公司非常忠诚，让我很敬佩。我们是对手，成交的价格是我们分胜负的标准。但是，一个企业的生存并不是依靠钱的多少，员工责任和忠诚才是企业的命脉。你们的表现，让我看到了贵公司命脉坚实，跟你们合作，我们放心。从价格上，我们是亏了一些，但我觉得日后我们会赢得更多。"话音刚落，全场就响起了掌声。

每一个员工的收益都是来自公司的收益，为企业谋求利益，就是在给自己谋求福利。身为企业的一分子，当顾念企业对自己的培养和信任，处处以公司的利益为重。当你把公司的利益摆在第一位时，你在公司会更受信任，更容易被委以重任，升迁之途也会变得顺畅。同时，生活总有意外的状况，企业经营也如是，在市场的浪潮中奔波，难免会遭遇险阻。此时，有责任心的员工就该把公司当成家，与企业同舟共济，才能渡过难关，共生共赢。这是一种主人翁意识，也是一种对企业的归属感。不要觉得，企业垮了是老板的事，和自己没关系，大不了换一个地方。若不能从态度上有一个根本的转变，始终以局外人的身份在企业中生存，那么无论走到哪儿，都不可能有发展的机会。

员工和企业本就是一体的，一荣俱荣，一损俱损。不要热衷追求眼前浅薄的私利，要放大自己的格局，培养优秀的职业素养。只有公司先成功了，才有个人的成功，正所谓"皮之不存，毛之何焉"。我们要把自己当成水手，在面对风雨、险滩、礁石的时候，和企业同舟共济，想办法去战胜它，待到那时，赢家不仅仅是船长，还有水手自己！

通用公司前 CEO 杰克·韦尔奇曾说过这样一番话："企业是船，你是船员，让船乘风破浪，安全前行，是你不可推卸的责任。一旦遇到风雨、礁石、海浪等种种风险，你不能选择逃避，而应该努力保驾护航，使这艘船安全靠岸。"

07. 合作确保持续发展

我们总在谈"工作"，可究竟"工作"说的是什么呢？关于这个问题，有人说是"做事"，有人说是"效益"。其实，答案很简单，从字面上就能找出来——分工与合作。

任何一家企业的正常运转，都离不开"分工"与"合作"。只不过，到了具体的工作中，到了具体的岗位上，大家都只看到了分工，却常常忽视了合作。究其原因，就是太注重自我，忽视了他人。现代社会不是单枪匹马的时代，小的成功可以靠个人，大的成功一定要靠团队。毕竟，一个人的能力再强，他的力量也是有限的。如果把各种有效的力量聚集在一起，取长补短，就有可能创造出奇迹，并为每个人带来更多的机会。换句话说，公司需要的是一个强大的团队，绝不是一个个优秀而自私的个人，员工的合作意识向来都是老板最为看重的素质和能力。

Google 是世界上最大的互联网技术服务商，也是一家以技术发展见长的公司，可它不是唯技术至上。在招聘员工时，其实 Google 更注重的是"宽容与合作"。

2005 年，Google 中国区总裁李开复刚上任就在国内招聘了 50 名高校毕业生，这些人中有 40 多位都是硕士、博士学历，另外几位是优秀的本科生。这些人多半都是电子、计算机、数学专业出身，是从数千位报名者中筛选出来的精英。为此，有人很好奇李开复是根据什么标准来选拔人才的。

李开复是这样回答的："技术能力当然很重要，但我们 Google 是个大团队，只有那些具有团队合作精神的人才能够来到这里工作，只是天才但是不会与人合作的人在这里是不受欢迎的。"

事实的确如此。在招聘过程中，有不少应聘者就是因为缺乏团队合作意识而落选。一位名校的计算机专业学生，笔试时得了满分，但在面试时这位学生却表现出了极大的不耐烦，最终被拒之门外。此外，还有一位在某专业领域堪称权威的教授，李开复曾经劝说他加入 Google，可这位教授在面试时却表现得十分傲慢，依仗着自己资历老，把任何人、任何事都不放在眼里。考官们断言，如果让这位教授加入 Google，他一定不会平等对待公司的员工。考虑再三，李开复选择了放弃。

无论是 Google 这样的知名企业，还是仅有七八个人的私营公司，如果没有合作精神同样是难以获得长久发展的，而没有团队意识的员工也是不可能被留下和重用的。因为，老板比谁都清楚，从来没有全能的个人，最完美的只能是每个人都积极合作的团队。

　　经过几轮的面试，艾小姐成功进入一家中等规模却极具发展潜力的公司，老板对她格外赏识，她准备在这里大展拳脚干出一番事业。然而，一切并不如她预想得那么顺利，刚一上班她就遇到了麻烦。

　　上班第一天，艾小姐安排助理将进货清单按照格式列好，助理没有马上去做，而是说以前的组长不是这么做的。艾小姐坚持自己的意见，助理只好接受，但脸色很难看。午饭时，艾小姐刚走到公司的餐厅，几个有说有笑的同事突然安静了下来，敏感的她隐约察觉出了什么，心里有点不安，就远远地坐在了一个靠窗的座位上……一个星期下来，艾小姐明显感觉自己跟同事之间有了一种疏离感。

　　第二个星期，老总安排了一件急活儿，同事把任务推给了艾小姐。她加班到深夜，发誓要做出个样子给同事看看。没想到，第二天老总发现表单出了问题，勃然大怒，同事把责任都推到艾小姐身上。有个同事说话很尖刻，艾小姐跟她吵了起来，直到老总制止了她们。

　　艾小姐心里很憋屈，老总怀疑自己的能力，同事一致排外给她难堪，这样的境遇跟自己当初预想得完全不同。她有点后悔来这里工作，也开始怀念自己从前所在的单位，老板信任她，同事尊敬她，如果不是为了跟随男友来到这座城市，她说什么也不会放弃刚开了个好头的事业。她从来没有怀疑过自己的工作能力，可为什么在这里上班做得如此吃力？难道真的都是别人的问题吗？

　　她回忆起近期在工作中发生的一幕幕：那天让助理列清单时，并没有向她解释为什么要这样做，这是对同事不尊重的表现，难免会产生误会；自己业务上有麻烦时，从来不向有经验的同事请教，别人一定觉得自己不需要帮忙；同事把急活儿交给自己，或许是真的看重了自己有能力，而不是刻意刁难。再反观自己，明明是新人，却总摆出一副很能干的样子，从没有主动帮过别人，也从没请求过别人的帮助，只想自己大展拳脚做事业，完全没考虑到团队的融洽与协作……越是这样想，越觉得太多的问题都出在自己身上。

第二天，艾小姐刚一上班就找到助理："对不起，我一直没有跟你说过我在工作方面的想法。"接着，她把自己的理由告诉了助理，又听取了助理的一些工作经验，两个人商议出了更加有效的工作方法。午间休息时，艾小姐又主动找到那个跟自己吵嚷过的同事，笑着说："对不起，那天我情绪不好，说了很多伤人的话，希望你不要介意。"同事听了，也觉得有点不好意思，说自己也有不对的地方。最后，两人一起吃了午饭，冰释前嫌。

几个月后，艾小姐已经成了公司里的"红人"。她热情地帮同事解决问题，细致地为客户服务，带领的小组业绩节节攀升。老板对她的质疑彻底消失了，但凡有重要的任务，首先想到的人就是她，甚至还当着公司所有人的面说："只有把事情交给小艾，我才能放心。"

回顾新工作的历程，从最初的处处受阻，到现在的顺风顺水，艾小姐彻底转变了对工作的认识和看法。以前总觉得，只要自己是金子，到哪儿都会发光；可现在才知道，即便是金子，如果没人认可你，价值依然是零。深得老板赏识和重用的人，不仅工作能力强，更重要的是懂得与每一位同事协同合作，塑造积极的、融洽的团队氛围，保证每个人的工作都能高效完成，提高公司整体的效益。

法国有句谚语："聪明人与朋友同行，步调总是齐一的。"一个人拼命工作，无论卖多少力气，费多少心思，都是很难做出大成绩的。只有时刻与团队中的伙伴携手并肩而行，把自己的力和他人的力结合起来，才能冲破各种阻力，在职场路上走得更长远。

第五章

＝

在奋斗中激发执行力

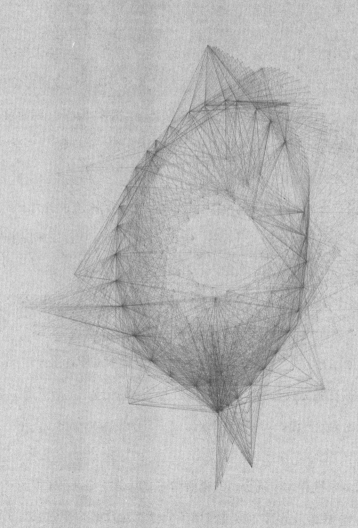

01. 对事业充满热爱与迷恋

工匠精神，第一就是热爱，热爱所做的事本身，胜过这些事带来的名利财富。心理学家研究证实，一个人工作的绩效与两个关键词有关，一个是"心流"，另一个是"专念"。顾名思义，"心流"即爱，因为只有热爱才是你最好的老师，才是真正激发内心强大动力的源泉；"专念"就是专一，专注的力量。

以前我总好奇，那些跑完马拉松全程的选手，要有多大的毅力、多强的体力，才能支撑到最后？可后来，听到一位选手说的话，才彻底懂得，他们不是在咬着牙硬撑，而是内心对这项运动的喜爱给了他们驱动力，所有的坚持都源自这份热爱。那种感觉，就像是"把自己的全部热情扑在工作上，即使疲乏从指尖传到身体，精神也不会累"。

说到工匠精神，就不得不提日本，对于一个日本工作者而言，"职人（日本对拥有精湛技艺的手工艺者的称呼）"是再高不过的赞誉了。唯有在行业内十分专注、出类拔萃的人，才能拥有这样的称谓。此职人即我们所说的工匠。

创建了多家世界 500 强公司的稻盛和夫，就是一位具有工匠精神的企业家。稻盛和夫从未标榜过自己的成就，也没有炫耀过自己的身份，他说："企业家要像工匠那样，手拿放大镜仔细观察产品，用耳朵静听产品的'哭泣声'。"简单的一句话，却显露出了非凡的态度。在稻盛和夫的眼睛里，工作是有生命和灵性的。我们应当去审视它，理解它，倾听它，热爱它。

工匠对工作，从来都有一份难以割舍的情结，绝不会过一天算一天。在内心深处，他们将工作视为当用一生去完成的天职。这种情结，被称为"燃性"。

稻盛和夫曾这样解释"燃烧的斗魂"——"燃性"，是指对事物的热情。自燃性的人是指先对事物开始采取行动，将其活力和能量分给周围人的人；可燃性的人是指受到自燃性的人或其他已活跃起来的人的影响，能够活跃起来的人；不燃性的人是指即使能从周围受到影响，但也不为所动，反而打击周围人热情或意愿的人。

要具备"燃烧的斗魂"，内心一定要对所做的事热爱，甚至是迷恋。就像稻盛和夫所说，自己就是工作，工作就是自己，达到了这样的程度，才能够全身心地投入其中，不疲不倦。

现代企业的很多年轻员工，却尚未做到这一点，原因就是对工作本身没有喜爱之情，容易受到外界的影响，浮躁多变。然而，对此他们也给出了一个理所当然的解释："我所做的工作不是我喜欢的，提不起兴趣。"

乍听起来似乎有点儿道理，可仔细剖析，却发现它依然是一个不充分的理由。想拥有一个充实而美好的人生，要么去做自己喜欢的事，要么让自己喜欢所做的事。毫无疑问，我们都渴望能够成为前者，但事实证明，在受到种种客观条件制约的情况下，能碰上自己喜欢的工作，能靠这份工作维持生计、实现自我价值的概率，少之又少。

在初入社会的时候，绝大多数人都是从"自己不喜欢的工作"开始的，到后来之所以会有巨大的差别，全在于做事的心态。有的人得过且过、消极怠工、牢骚满腹，在日复一日的消沉中湮灭了原有的才华；有的人却摒弃偏见，付诸努力，在转变心态的过程中，爱上了自己的工作，找寻到了自己的价值。

稻盛和夫大学时学的是有机化学，当时最热门的专业，但他心仪的公司并未录用他，无奈之下他才去了松风工业。那是一家生产绝缘瓷瓶、属于无机化学领域的企业。入职后他被分配做新型陶瓷研究，而其他同事全是做企业核心产品的。没有像样的实验设备，没有同事和前辈的指导帮助，独自一个人去研究陶瓷的新材料，稻盛和夫真的提不起什么兴致，很难爱上这份工作。

后来，由于辞职转行都没成功，他不得不留下来。既然结果无法改变，那就改变一下自己的心态吧！他试着投入到工作中，就算无法瞬间爱上它，至少能减少一些负面的情绪。多年后，回顾这段心路历程时，稻盛和夫才发现：其实这样的转变就是在为"爱上工作"而努力，只是当时的自己并未意识到。

缺乏相关的知识底蕴，稻盛和夫就跑去图书馆找资料；没有复印机，就直接用手抄写重要的内容和文献。当时，他在经济上并不富裕，可还是坚持买工作所需的图书。依据这些信息，他开始做实验，并根据实验结果补充理论知识，再度投入实验，这就是稻盛和夫当时的工作。在反反复复地琢磨中，他不知不觉被新型陶瓷吸引了。从细碎而复杂的过程中，他发现了一个全新的世界，并开始想象新型陶瓷的美好前景。

当原本枯燥的研究，被赋予了"也许全世界只有我一个人在钻研"的使命感后，就有了光环，从而在平淡无奇中闪闪发光。稻盛和夫也从最初的被动工作变为主动工作，真正地喜欢上了这项研究，最后竟达到了"迷恋"的程度。

在旁人眼里，稻盛和夫的工作辛苦、繁杂、单调，简直无法忍受，可他却乐在其中。当一个人迷恋上了自己所做的事，哪怕环境艰苦，道路坎坷，挫折累累，也不会有怨言。一旦能够承受，坚持不懈地努力，就很容易做出成绩。

从内心深处，摒弃"我在给别人工作"的想法，把已有的工作当成自己的天职，带着爱和使命感去完成每一项任务。在每一个细微的成就中，逐渐获得自信和满足，对工作的喜欢和满意就会增加。只要你这样做了，工作就不再是一种苦难，而会逐渐演变成一种精神上的享受。试试看，你不会损失任何东西，收获的却有可能是意外的惊喜。

再说叶嘉莹教授，她把七十年的岁月都献给了三尺讲台，即便到了耄耋之年，仍能站在南开大学的讲台上，整整两个小时不喝一口水，绘声绘色地给学子们讲述诗词国粹。支撑她的是什么？是对国学的热爱。

是的，只有热爱自己所做的事，才能找到乐趣；只有热爱自己所做的事，才能全力以赴；只有热爱自己所做的事，才能不觉疲惫。纪伯伦曾经写过一首《先知》，用它来诠释"热爱"的真谛，再合适不过——

生活的确是黑暗的，除非有了渴望；所有渴望都是盲目的，除非有了知识；一切知识都是徒然的，除非有了工作；一切工作都是空虚的，除非有了爱。

什么是带着爱工作？

是用你心中的丝线织成布衣，仿佛你的至爱将穿上这衣服；是带着热情建筑房屋，仿佛你的至爱将居住其中；是带着深情播种，带着喜悦收获，仿佛你的至爱将品尝果实；是将你灵魂的气息注入你所有的制品，是意识到所有受福的逝者都在身边注视着你。

02. 奋斗，奋斗，再奋斗

三分钟热度，是当下不少年轻员工的通病。做一件事，开始总是干劲十足，可过不了多久，就松懈了，三天打鱼两天晒网，渐渐失去了动力。直到有一天，看到自己身边的人在该领域做出了不菲的成绩，才又感叹：倘若当初我坚持做下去，情况又会如何？

成功的光环，永远都是最惹眼的，可成功背后的辛苦，却总是冷暖自知。在这个人才辈出、诱惑不断的时代，要秉持一颗工匠之心真的不易，你得有精湛的技艺，过人的才能，还要有矢志不渝的决心和坚持不懈的努力。

工匠精神，讲究的是脚踏实地，而非豪言壮语。与其大喊着要实现抱负，不如从切实可行的小事做起。若都是随想，或是随心所欲，不肯坚持和努力，那么纵然有万千创意，到头来也只能欣赏别人成为传奇。

现在的自媒体很火，几乎每个人都能够借助互联网建立一个自己的平台，但真正做好、做出效益的，却是万里挑一。这不仅仅是机遇的问题，还有努力的程度。比如，大家都比较熟悉的罗辑思维公众号，罗振宇每天早上 6：30 准时推送一条 60 秒的语音消息，分享他的个人经验、社会见闻、生存技巧等。看似是很简单的一件事，但罗振宇从 2012 年 12 月 21 日开始，直到今天，从未间断过！这样的勤奋和努力，是有目共睹的，也是很多自媒体人不及的。

再说卢松松博客，十年前没有微博和微信时，IT 界几乎人人都有一个独立的博客，博主来写自己的所见所闻，那就是自媒体的前身。在千千万万的博客中，卢松松博客就是其中之一，并不起眼。从 2009 年创建博客，直至现在，每天花费在博客上的时间，都不低于 2 个小时。他曾经在半年的时间里，一针见血地评论了 15000 个独立博客，平均每天 500 个。

另一个互联网传奇人物"懂懂日记"，他每天清晨 4：00 ~ 6：00 写出一篇日记，分享个人的感悟、心得，以及周围人的思想智慧，内容涉及生活、工作、情感等各个方面。这件事情，他一做就是 8 年，每天写的日记大概都在 7000 字左右。

这些优秀的成功者，都具备锲而不舍、勤奋努力的特质。从他们身上，我感受到的不只是一种震撼，还有一种敬佩。他们所做的事不是手工艺活，但做事的态度和精神，却与工匠如出一辙。世上没有唾手可得的成功，不认真付出、不刻苦去学、不执着追求，就无法从平庸走向卓越。

勤奋，不只是平凡者走向成功的道路，也是成功者保持领先的必修课。俄罗斯"花游女皇"纳塔利娅说过："即便我们领先别人一大截，但我们依旧每天训练 10 个小时，这是我们成功的秘诀。"哪怕此刻的你，已经很优秀了，但若不勤奋，一定会被别人超越。

斯蒂芬·金是国际有名的恐怖小说大师。他几乎每一天都在做着

同样的事情：天蒙蒙亮就起床，伏在打字机前，开始一天的写作，即使在没有灵感的时候，在没什么可写的情况下，每天也要坚持写 5000 字。一年内，斯蒂芬·金只给自己三天休息的时间，剩余的每一天都是在勤奋的创作中度过。斯蒂芬·金的努力没有白费，勤奋带给他的不只是世界超级富翁的头衔，还给了他永不枯竭的灵感。

勤奋是保证高效率的前提，也是提升能力必做的功课，唯有像工匠一样勤勤恳恳、扎扎实实地去雕琢每一天、每一件事，才能将自己的潜能发挥出来，去创造更多的价值。没有事业至上、勤奋努力的精神，就只能在懒惰懈怠中消耗生命，甚至因为低效而失去谋生之本。

一个人若是萎靡不振、浑浑噩噩度日，他的脸上必定是毫无生气的，做事的时候也不可能有活力，更难出成果。你比别人做得少了，短期内是轻松了，但在激烈的竞争中，一个无法全身心投入到工作中的人，势必会被淘汰。倘若本身意识不到问题所在，后续的日子依旧如此，那么到最后，就把自己推到了边缘人的境地，再没有任何的实力去与别人抗衡。

无论你现在从事的是什么工作，也无论你的职位高低，只要勤勤恳恳地去努力，终会在付出中有所收获。这份收获不单单是升职加薪，更重要的是自身实力的提升。

你有一份稳定的工作，有一个完整的家庭。听着别人说，平平淡淡就是福，心里充满了喜悦感。许多年过去了，突然发现，自己拥有的始终是这么多，甚至还有所倒退。

你是一家公司的高管，拿着高薪，享受着优越的办公环境，你就觉得自己现在可以松一口气了，终于坐到了自己想要的位子。安心度日没几年，你慢慢发现自己不能很好地适应这份工作了，你的上司似乎变得越来越苛刻，你的下属变得越来越难管。

问题究竟出在哪儿？为什么生活越来越不如愿了？很简单，不是你不够努力，而是比你优秀的人比你更努力。

一位即将被辞退的员工，走进了老板的办公室，做最后的工作交接。在他离开之前，老板给他开了当月的工资，外加一个月的奖金。而后，老板面带笑容，缓缓地讲起了自己的故事：

年轻的时候，我就是个从农村里出来的一贫如洗的小伙子。带着母亲给我的几百块钱在深圳打拼，有人说，深圳是个造梦的天堂，可我觉得生活在底层的人们就像活在地狱里，受人歧视，被人欺负。吃不饱饭，没有钱买衣服，整天为别人打工，失去自由。

十年前的我，没有能力，没有学历，没有背景，在这样一个繁华的大都市里静静地盯着夕阳，看着日落，惆怅地睁不开眼。而母亲的病一天一天在加重，我对着这个世界很绝望。

我做过很多工作，第一份工作就是给人洗车，后来老板丢了东西，不知怎么的就在我的床上找到了，然后我被赶了出来，拖欠的工资一分钱也没有给我。我就这么身无分文走在灯红酒绿的街头，看一家一家商店灯火通明，自己却无处可依。晚上没有地方睡觉，我就在公园的躺椅上睡，薄薄的被子让我翻来覆去睡不着。

三天的流浪生活，让我吃尽了苦头。在这座繁华的都市，我觉得自己好像被全世界抛弃了。那一刻，我难过的只想哭，深刻的痛楚让我的头脑瞬间清醒。我决定改变自己，我不想一直这个样子。凭什么别人能做到的事情我就不能做到呢，凭什么上帝不是公平的？我是个健康的人，有手有脚有大脑。

清醒后的我，卷起自己破破烂烂的行李，在街头开始找工作。看见有招聘的我就推门进去，人家看我脏兮兮的，觉得我这个人不老实，都不愿意聘用我。直到一个酒吧急需招人，我才有了一份能养活自己的工作。

我的工作是当保安，有时候客人吃晚饭不买单，他们是来找事的，老板就让我去找他们理论，那些人不分青红皂白就揍我一顿。当我忍着剧痛满脸是血出来的时候，那些人已经走远了。老板却对我说，怎么这么笨啊，他们不买单就从你工资里扣。

我当时痛苦极了，我发誓，这一辈子一定要出人头地，否则永远也不回家。

后来发了工资，我就把自己打扮了一番，重新换了一份比较安全的工作，是在超市里当保安。保安的工作就是轮班制，白天我在门前站岗，下午六点下班以后，就开始出去发传单。这样干了整整半年，除了自己的开销，还存下了一笔钱，我拿着那些钱，给自己报了一个培训班。后来辞去了保安的工作，在一家大的饭店里干了三年。老板见我人比较勤快，又能吃苦，就提升我为主管，开始教我一些管理方面的知识，我认真地学，牢牢地记，学着如何与人打交道，学习如何干好自己的工作。

第四年，我辞去主管的工作，自己开了一家小饭馆，每天起早贪黑。我们的服务态度很好，老顾客会经常光顾。时间长了以后，我们的生意渐渐好了起来。又过了两年，我就把自己所有的积蓄拿出来，店面重新装修一下，规模比原先大一倍，把爸妈接过来帮忙。

直到现在，我有了自己的家庭，房子、车子，什么都有了，母亲的病也在慢慢调理中。这些年的奋斗都源于我在公园里躺的那三天，我不希望自己永远活得卑微，我就是我，我不满足自己的现状，我要改变自己。我希望活出自己的一片天地，生活永远在你手中，你愿意给自己创造什么样的生活，就会有什么样的未来。

工匠在追求手艺精进的路上，永不知足，永不停歇。如若思想上停留在满足的状态，那么行动上不管是主动还是被动，都是一种浪费。思想决定着动机，满足于现在的安逸和稳定，自然就不会再斗志昂扬去拼搏和进取。

如果你的梦想还没有实现，如果你对现在的状态并不满意，只是贪恋着一份安逸，那么不如从现在开始，尝试着做出一点改变，每天多努力一点点，朝着正确的、心中所属的目标前进。或许，成功看似还很远，但只要路是对的，坚持走下去，总会有收获。停留在此刻，等待的唯有生命力的枯竭。

03. 抛却功利心的奋斗精神

维基百科上，对"职人气质"的定义是这样的："追求自己手艺的进步，并对此持有自信，不因金钱和时间的制约扭曲自己的意志或做出妥协，只做自己能够认可的工作。一旦接手，就算完全弃利益于不顾，也要使出浑身解数完成。"

这种"职人气质"，与工匠精神如出一辙，它不是一种能力，而是一种做事的态度，涵盖了热情、专注、虔诚等诸多的情绪。倾尽全力去做事，绝非仅仅是为了利益，从精神层面来说，技艺上的进步、做事过程中的乐趣、收获满足和成就感，比金钱更有意义。

对此，当下的一些年轻人不以为然，或者说根本没有这样的意识。他们对工作的认识，仅仅停留在谋生的阶段，将其视为维持生计的工具和手段，所有的焦点都投射在薪水上。开始工作后，就对自己抱有很高的期望值，希望得到重用，拿到丰厚的报酬。工资的高低，成了衡量一切的标准，也成了决定原动力大小的关键。

把工作当成金钱的载体，很难做出大的成绩。或者说，抱着功利心去做事的人，从一开始就无法专注于事情本身。工匠之所以能拥有精湛的技艺，为人崇拜和敬仰，是他们认为工作是当用生命去做的事，做事的过程是在充实自我、表达自我，从而形成了一种强烈的使命感和驱动力。在工匠的世界里，工作不是"做什么事"和"拿多少钱"的问题。在这个世界上选择什么样的工作，如何对待工作，为什么而工作，反映着对待生命的态度。

以利益为奋斗目标的人，无法走出平庸的生活模式，也很难具备一颗沉静的匠心，获得真正的成就感。金钱虽是工作的目的之一，可是工作能够给我们带来的，远远不止是银行卡上的数字，或是信封里的钞票。

心理学研究表明，金钱在达到某种程度以后，就不再具备诱惑力了。对独具匠心的人来说，即便还没有达到那种境界，但懂得忠于自我，也会认识到金钱不过是多种报酬中的一种，而不是唯一。工作固然是为了生计，但比生计更可贵的是在做事的过程中充分发挥自己的价值，挖掘自身的潜能，让生命变得更丰富、更有价值。这也是马斯洛层次理论里所讲的，人生的追求不只是满足生存的需要，还应当有更高层次的需求，用在工作这件事上，无疑就是：你当有比薪水更高的目标。

放眼望去，各个领域中的精英人士，无疑都是有高追求的人。倘若你问他们，在没有优厚薪资的回报下，是否还愿意从事现在的工作？大部分人的回答都会是："绝对愿意！不会有丝毫改变，因为我热爱自己的工作。"

比如，美国维亚康姆集团的董事长萨默·莱德斯通，63 岁才开始着手建立庞大的娱乐商业帝国。在多数人看来，这已是尽享天年的时候了，他却在此时做了重大的决定，让自己重新回到工作中去。他的生活，总是围绕着维亚康姆转，工作日和休息日、个人生活与公司之间没有任何的界限，有时甚至一天工作 24 小时。

试问：这一切都只是为了钱么？他们已足够富有，支撑起奢侈的生活绰绰有余，他们为什么还要如此努力？对此，萨默·莱德斯通是这样说的："实际上，钱从来不是我的动力。我的动力是对于我所做的事的热爱，我喜欢娱乐业，喜欢我的公司。我有一种愿望，要实现生活中最高的价值，尽可能地实现。"

看到了吗？是自我实现的欲望，给了他们持久强大的热情，让他们最大限度地发挥了自己的潜能。这种热情不同于被薪水驱动带来的瞬间激情，它是一种能够穿越万难，可以在外界喧闹嘈杂的时候，气定神闲、心无旁骛做事的超凡境界。

对多数人来说，或许尚未达到这样的境界，没关系，只要我们肯朝着这个方向努力。努力的第一步，就是重新认识工作的价值，不要再说

"拿多少钱做多少事""只要对得起薪水就行""又不是给自己干"的话。切记，金钱只是多种报酬中的一种，秉持一颗热爱工作的心，积极地去挖掘自身的潜能，你会收获比预期更多的东西，包括金钱。

2015 年 9 月 3 日，中国抗日战争胜利 70 年大阅兵在北京举行，让世界透过一件件"国之重器"看到了中国的力量。当所有人的目光被这些军事武器吸引着的时候，很少有人想到或知道，那些站在武器装备背后的人——大国工匠。

看过一篇关于中国航天科工首席技师毛腊生的报道，他的工作主要是铸造导弹的舱体。这项了不起的事业落实到具体的实践中，其实有着常人难以忍受的枯燥。很多人大概不会想到，毛腊生在整整 39 年的时间里，做的最多的事情不是研究制图和结构，而是每天跟沙子打交道！

在周围人眼里，毛蜡生是一个看起来有些"无趣"的人。他几乎没有什么爱好，有时连表达都成问题。当别人沉浸在喧闹、刺激的娱乐活动中时，他将所有的心思都放在枯燥的翻沙工作中。恰恰是这份"无趣"，让他积累了厚重的潜力，将所有的心思、时间和精力，倾注到自己的工作中，沉稳专注、精益求精。

在他身上，"无趣"并不是"木讷"的代言，而是对专注和敬业淋漓尽致的诠释。若不是真的热爱，心怀责任与敬畏，如何能在漫长的 39 年里无怨无悔、甘于寂寞呢？他的内心始终保持着一份安静和淡然，有自己的主见，不为外物所动。

真正的工匠，即当如此。他们不只是技艺精湛，更重要的是，在精神上超越常人。那份崇高的职业素养，矢志不渝的匠心，才是更值得称赞的优秀与伟大。

敬业，与一个人从事什么职业，并没有多大关系。著名管理咨询家蒙迪·斯泰在给《洛杉矶时报》撰写的专栏里写道："每个人都被赋予了工作的权利，一个人对待工作的态度决定了这个人对待生命的态度。工作是人的天职，是人类共同拥有和崇尚的一种精神。当我们把工作当成一项使命时，就能从中学到更多的知识，积累更多的经验，就能从全身心投入工作的过程中找到快乐，实现人生的价值。这种工作态度或许不会有立竿见影的效果，但可以肯定的是，当'应付工作'成为一种习惯时，其结果可想而知。工作上的日渐平庸虽然从表面看起来只是损失了一些金钱和时间，但是对你的人生将留下无法挽回的遗憾。"

的确，在社会分工的任何一个岗位上，没有不重要的工作，唯有不重视工作的人。工作的高低之分，不在于工作本身，而在于做事的人是否敬业。只要发自内心地尊敬自己的工作，认认真真、踏踏实实地做好每件事，努力实现自我的社会价值，就是具备了敬业精神。而这一系列行为的本身，也是对工匠精神最接地气的演绎。

世界级的指挥大师小泽征尔堪称是音乐界的工匠。他在工作上，从来都是兢兢业业，哪怕到了70多岁的高龄，只要站在指挥台上，立刻就充满激情，完全不像年逾古稀的老人。他非常擅长调动乐手的情绪，轻轻地一挥手，就能把乐队带入一个美妙的世界。在一次排练间歇，有记者采访小泽征尔，问："您不觉得累么？为什么您看起来还是那么激情满满？"小泽征尔调皮地翻了翻眼皮，像小狗一样把舌头吐了出来，喘着粗气，表示他其实已经筋疲力尽了。曾在北京排练《塞维利亚的理发师》时，他甚至靠在椅子上睡着了。

没有基本的敬业精神，就难以成为一个优秀的人。说到底，敬业是一种人生态度，无须任何人强迫，发自内心地想去做好一件事，渴望在工作中安身立命，在完美中获得心安，对得起自己，对得起社会。任何领域的工匠，都有着强烈的自尊心，把工作的好坏与人格荣辱联系起来，这种使命感促使着他们对工作严肃认真，固执地追求手艺的熟练。

这一刻，扪心自问：你有没有把生命的信仰和工作联系在一起？你能否尽职尽责地努力完成每项任务，不讲任何条件？你是否能在遇到挫折、期望落空的时候，继续保持向上的动力，忘记辛苦和得失，一心一意把工作做好？如果不能，那么你最该做的不是换工作，而是换一种工作态度了。

04. 淡泊名利，宁静致远

工匠的世界，是安静而孤独的，要一个人默默无闻地钻研，独自去忍受寂寞的煎熬。所以，西方谚语里会说："世界上最强的人，往往也是最孤独的人。"

寂寞，是考验一个人能否取得成功的试金石。

文艺复兴时期的雕塑巨匠米开朗基罗，一生多在寂寞与孤独中度过。有一次，他被人打扰，为此他愤怒地打碎了一座即将竣工的宏伟雕塑。他把自己的一生都献给了寂寞，而寂寞回馈给他的是一个千古不灭的名字——米开朗基罗。"遗传学之父"孟德尔独自一人住在修道院，经过八年寂寞时光，发现了生物遗传的规律，翻开了历史崭新的一页；"炸药之父"诺贝尔在家庭支离破碎之际，独自一人研究炸药，当无数寂寞岁月悄无声息地溜过，成功的光环终于出现在他的头上……

齐白石学雕刻，每天担石上山，把一担又一担的石头刻成了一堆堆的粉末，才得到了画家、雕塑家的美名。

学者钱钟书先生享誉世界，他的著作《围城》是20世纪中国小说的经典代表。他一生过着宁静淡泊的生活，谢绝媒体的采访，也从未在公众面前抛头露面，避开了尘世的纷扰，一心做学问。即便在最艰难的岁月里，他依然独自攀登着学术的高峰，辉煌巨著《管锥编》的问世，震惊学术界，铸就文学史上的辉煌。

数学大师陈景润，几十年如一日，钻研数学难题，把自己封闭在房间里，不问世事，唯有纸笔陪伴。在寂寞的坚守中，他的论文让世界数学界另眼相看；在"哥德巴赫猜想"的道路上，他所做出的成绩也令后人敬仰。他的成就，是在寂寞中酿造出来的。

翻译大师傅雷，博古通今、学贯中西，并被学术界称为一两个世纪也难得出现一位的巨匠。他16岁赴法学习艺术理论，刻苦攻读，并得以观摩了解世界级艺术大师的作品。1931年秋，他回到国内，先在上海美术专科学校任教，后因不满世俗而闭门译书。此后，他几乎译遍了法国大师级作家的重要作品，并形成了自己的翻译风格，人称"傅译"。儿子傅聪曾经这样评价自己的父亲："我父亲是一个文艺复兴式的人物，一个寂寞的先知，一头孤独的狮子，愤慨、高傲、遗世独立……"傅雷自己也曾一再告诫儿子傅聪："要耐得住寂寞。"

这些人都是各个领域内的大匠，却也都是从寂寞中走过来的人。为了热爱的事业，他们耐得住寂寞，守得住心性，在专注和努力中找寻人生的意义和自我的价值。

现实生活中，每一份工作里都包含着机遇，那些能将其牢牢抓住的人，通常都是善于在寂寞中等待的人。就员工来说，在努力做好分内之事的前提下，若能守得住心性，获得晋升和发展并不难。

工作中的晋升需要实力和机遇，但更需要自身素质的修炼。当机会没有垂青自己的时候，忍耐和坚持就显得格外重要。尤其对初出茅庐的年轻人来说，更应当具备这样的心态。浮躁只会让自己的一切努力白费，而在忍耐中坚守却常常能峰回路转。

作家贾平凹在谈及怎样成功时说："大言者不语。"意思是成功要耐得住寂寞。同为作家的姚雪垠也说："我们有许多研究学术的、搞创作的，吃亏在耐不得寂寞，总是怕别人忘记了他。由于耐不得寂寞，就不能深入地做学问，不能勤学苦练。而他们也不知道只有耐得住寂寞，才能不寂寞；耐不得寂寞，却偏偏寂寞。"更有趣的是文学巨匠列夫·托尔斯泰，他在撰写巨著《复活》前，竟吩咐仆人对外宣布他已死亡，只为能毫无干扰地静心写作。

是啊，没有一颗宁静的心，总是向往世俗的热闹，如何能沉下心来做一番事业呢？精湛的技艺是在寂寞中锤炼出来的，顽强的意志力也是在寂寞中修炼出来的，机遇和平台更是在寂寞中等来的。耐得住寂寞，守得住心性，才能与成功结缘。

一位心理学家做过一个有趣的实验。他给每个孩子发了一块糖，然后告诉他们自己有事要离开一会儿，希望那些孩子不要吃掉那块糖，还承诺说："谁能把这块糖留到我办事回来，那我会奖励他两块糖。"寂寞的孩子们守着那块诱人的糖，十分钟，二十分钟，半小时……终于有人熬不住了，吃掉了那块糖。接着，又有孩子吃下了糖。两个小时后，心理学家回来了，他按照承诺所言，给那些没有吃掉糖的孩子，每人发了两块糖。

实验到此远远没有结束，心理学家继续追踪那些接受实验的孩子。多年后，他发现，那些经受不住糖果诱惑而无法等待太久的孩子，大都一事无成，而那些经受得住诱惑并愿意等待的孩子，在日后却都创造出了不错的业绩。

就像小孩子会受到糖果的诱惑一样，成年人的世界也会有锦衣玉食、名誉地位、金银财富的诱惑，倘若耐不住寂寞，迟早会被它们所俘获，从而与自己的理想背道而驰，甚至尝到苦涩的恶果。

诗人歌德说："不论做任何事情，自律都至关重要。"

自我约束是一种能力，尤其是对性格和欲望的控制。我们之所以要重提工匠精神，恰恰是因为宁静淡泊、安守本分的特质，在工匠身上表现得淋漓尽致。他们不在乎虚名浮利，只关注自己的作品。那些作品往往都带着手艺人的个性，每件物品都会因他们的性格习惯，以及制作时的心情而各有差异，要从他们的作品中找到两个相同作品的可能性微乎其微。正因为此，许多工匠离世数年，其作品依然留在世间。这是工匠的态度，也是他们的骄傲。

老锁匠一生修锁无数，不但技艺高超，且为人正直，深受人们尊重。为了不让技艺失传，他挑中了两个继承人，两人资质不相上下，选谁似乎都行。为此，老锁匠决定对两个徒弟进行一番考验。老锁匠让两个徒弟同时去开两个保险柜，谁用的时间短，谁就获胜。结果，大徒弟用了 10 分钟就打开了，二徒弟却用了 30 分钟才打开。大家都以为，大徒弟肯定胜出了，可老锁匠却并没有表态，而是问两个徒弟："保险柜里有什么？"大徒弟说："师傅，里面有很多钱，全是百元大钞。"二徒弟支吾了半天，说："师傅，我什么也没看见，您只让我开锁，我就打开了锁。"老锁匠听完二徒弟的话，面露笑意，郑重宣布二徒弟为接班人，他说："一个好的修锁匠，心中只应有锁而无其他！"

什么是匠心？就是我能开启天下所有的锁，而我的心里却有一把不能打开的锁。修锁如是，其他事也如此。无论做什么都当有底线，这底线是诚信、是道德、是责任，不可碰触，不能穿越，人生必须有所坚守，才能活出生命的厚重。

一位名叫张金荣的六旬老人，数十年来，他一直用自己微薄的收入从事保护野生扬子鳄的工作。期间，有很多不法之徒拿着数额不菲的金钱，向他索要鳄鱼皮，也有一些不法之徒甚至用枪顶着他的脑袋威胁他。可是，这位老人执着地坚守着自己认定的责任，他说："与金钱相比，我宁愿同鳄鱼待在一起。"在金钱的诱惑与武力的威胁面前，不屈的老人没有屈服，始终坚守着自己的职责和高贵的信念。

稻盛和夫一直说，工作即修行。那么，要做企业中的工匠，该如何修行呢？我想，应当渡过两个关口：一是寂寞关，二是诱惑关。执着是一种坚守，在纷至沓来的诱惑面前，不能左顾右盼、游离不定，要有坚强的意志。每个人都想拥有高尚的人格，可真正能在纷纷扰扰的世俗里把握人格底线的却不多。要做一个不凡的工匠，就要掌控住自己的心。唯有拒绝诱惑，学会坚守与忍耐诱惑，大家才能更清楚地看见前面的目标，也才能更轻松、更平稳、更快速地迈向成功的终点。

05. 持之以恒，奋斗到底

要完成一个伟大的目标，时间与精力，缺一不可。不过，人总是有惰性的，也会倦怠，更会缺乏信心、情绪低落，在这些负面因素的干扰之下，许多人主动或被动地放弃了。究其根源，还是心太急，总想一蹴而就，找寻捷径。

荀子早在《劝学》中告诫过我们："不积跬步，无以至千里；不积小流，无以成江海。骐骥一跃，不能十步；驽马十驾，功在不舍。锲而舍之，朽木不折，锲而不舍，金石可镂。"手艺也好，能力也罢，都不是短期内可以练就的。只要每天前进一小步，持之以恒，天长日久，当你回看时，就会发现，自己已经走了很远，这就是坚持和积累的魅力。

小顾读书时成绩不好，勉强上了一个中专，毕业后就出来打拼了。由于学历不高，没什么技能，就只能做一些简单粗重的活。看着同龄人在大学里享受生活，小顾后悔了，可又不甘心就这么认输。后来，经过朋友介绍，小顾来到了一家公司做业务员。业务员的底薪不高，要想发展完全是靠能力和业绩。小顾挺努力的，适应能力和学习能力也很强，几年以后，已经是一个不错的业务员了。但他意识到了一个问题，自己的学历不高，领导总把大客户交给一些业绩相当、学历更高的同事，这让小顾有了危机感。为了将来更好的发展，必须要充电。小顾报考了成人大学，并开始自学英语。

小顾随身带着一个英语单词本，白天联系、拜访客户的间隙就看看。晚上，在网络课堂学习，睡觉之前还要看看书，听听英语。听着小顾并不标准的发音，妻子又是好笑，又是心疼："都这么大的人了，还费劲学什么英语啊。你看你每天这么累，早点休息吧。"小顾却觉得，学习贵在坚持，每天学一点，时间长了总会有成效。

两年后，小顾从成人大学毕业了，英语也有了很大的进步。

有一次，公司有一桩海外业务，客户是美国人。公司派去与客户接洽的人有两个，一个是个硕士毕业的小张，英语说得非常地道，主要负责与客户交流；一个是小顾，而小顾只是打下手。没想到，小张那天出了点状况，没法按时约见客户。提早到了商务会所等待客户的小顾，如坐针毡。虽然自己学了两年英语，工作中也经常会用到，但还是对自己没信心。可转念一想，总不能把客户晾在一边啊！一番激烈的思想斗争之后，小顾硬着头皮开始跟客户交流。

虽然小顾的英文说得磕磕绊绊，但客户明显感受到了他的热情与诚意。一个小时过去之后，擅长英语的小张赶到了现场。当他看到只有中专学历的小顾，居然和客户周旋了一个小时，不禁心生佩服。在小张的详细讲解下，那次会面进入正轨，也促成了合作。

见过了太多的员工，能像小顾这么有毅力又好学的年轻人，真是不多见。公司领导也很珍惜小顾这样的人才，不久，小顾就被派到了客户部做主管。

做了主管的小顾并没有懈怠，继续努力学习英语，还常常看一些人际关系与心理方面的书籍。现在的小顾，已经完全能独当一面，给公司拓展了不少的海外业务。

许多事情就是这么简单，你肯下功夫，你肯坚持，一个看似高不可攀的目标也能被攻破。怕就怕，只是有勇气尝试，却没有毅力坚持。我们都知道，开始做一件事并不困难，因为你斗志昂扬，过一段时间之后，困难就会找上你。到那时，疲劳就像一阵秋风一样袭来，你会感到疲惫，会觉得目标太遥远，并失去坚持下去的信心。

杰克·伦敦为了让自己坚持写作，把好的字句抄在纸片上，插在镜子缝隙里，别在晒衣服的绳子上，放在衣袋里，以便自己随时记诵。多年以后，他成为文学界的一代名匠。

对待工作和理想，我们应该像毕阿斯所说的那样："要从容地着手去做一件事，一旦开始就要坚持到底。"让坚持的习惯牢不可破，在缓慢而坚韧中，酝酿一个好的结果。

好莱坞著名导演伍迪·艾伦说："成大事者与未成事者之间的差距，并非如大多数人想象的是一道巨大的鸿沟。成大事者与未成事者的区别在于一些小小的行动上：每天多花五分钟时间阅读，多打一个电话，多努力一点，多做一些研究，或在实验室中多实验一次。"

关于成功，无数卓越人士和组织都在极力秉承这样的理念和价值观：比别人多走一步！即比别人看得更远一点，做得更多一点，动力更足一点，速度更快一点，坚持更久一点。现代社会，缺乏的正是这种工匠般的意志和精神。

励志大师拿破仑·希尔访问过诸多的成功人士，并总结出了这些人士共有的特征：他们成功之前，都遭遇过非常大的险阻。事情遇阻就放弃看似无关紧要，可往往迈过了这一步，就能抵达终点；多坚持一下，奇迹可能就诞生了。

理查·巴哈所写的《天地一沙鸥》，在出版前曾被十八家出版社拒绝，最后才由麦克米兰出版公司发行。短短的五年时间，在美国就卖出了七百万本。《飘》的作者米歇尔，曾经拿着作品和出版商洽谈，被拒绝了八十次，直到第八十一次，才有出版商愿意为她出书，而此书一出便成了世界名著。

去过开罗博物馆的人，一定会对从图坦卡蒙法老墓里挖掘出的宝藏所震撼。这座庞大建筑物的第二层放置的，大都是灿烂夺目的宝藏，黄金珠宝、大理石容器、黄金棺材等，巧夺天工的工艺至今无人能及。可鲜少有人知道，如果当年不是霍华德·卡特坚持多挖一天，这些宝藏可能到今天还深埋在地下。

1922 年，卡特几乎放弃了找到年轻法老王坟墓的希望，他的支持者也准备取消赞助。卡特在自传里这样写道："这将是我在山谷里的最后一季，我们已经挖掘了整整六个季节，春去秋来毫无收获。我们一鼓作气工作了好几个月，却没有发现什么，只有挖掘者才能体会到这种彻底的绝望感，我们几乎已经认定自己被打败了，正准备离开山谷到别的地方去碰碰运气。然而，要不是我们垂死的努力一锤，我们永远也不会发现这超出我们梦想所及的宝藏。"

就是这垂死的努力一锤，让卡特闻名了全世界，他发现了一个完整出土的法老王坟墓。

年轻人如果有机会的话，多跟一些手艺人、艺术家聊聊，在他们身上，你会发现，一个人对于自己所钟爱的事业，就算受尽了磨难也会坚持。那种工匠精神，如同一剂强心剂，让浮躁不安的思绪平静下来。

成功没什么秘诀，贵在坚持不懈；卓越也没什么秘诀，就在比别人多走一步。对工作，既然选择了，想要好的结果，都应有一份坚持的态度。遇到了不喜欢的事情，别推托，坚持用心去做，你会发现其实能做得很好，从前只是潜意识里对这件事没有自信，才导致兴趣下降。多一点迎难而上，找寻积极的、有趣的价值。

人们常常是在跨过乏味与喜悦、挣扎与成功的重要关卡前选择了放弃；在做了 90% 的努力后，放弃了最后可以获得成功的 10%。这，其实是人生最大的一种浪费，不但输掉了开始的投资，也会丢掉经由努力而有所收获的喜悦。任何一件平凡的事情，只要你能坚持"比别人多走一步"、"多坚持一分钟"，你的生活可能就会与众不同。

一件事情到底有没有价值，一份工作到底有没有前途，不是凭眼睛去看的，而是要你全力以赴，才能逐渐呈现出清晰的结果。

漫画家查尔斯·舒尔茨曾经告诉记者，他不是一夜成名的，即便在他出版了有名的《花生》漫画之后。查尔斯·舒尔茨说："《花生》不是一问世就造成了轰动，那是一段漫长而艰辛的过程。大概有四年之久，漫画中的主人公史努比，才受到全国的瞩目，而它真正确立地位前后花了长达十年的时间。"

英国作家约翰·克里西，年轻的时候笔耕不辍，可迎接他的却是一次次地打击。约翰·克里西前后收到了 743 封退稿信，面对这样的现实，他是什么样的心态呢？"不错，我正承受着人们所不敢相信的大量失败的考验。假如我就此罢休，所有的退稿信都将变得毫无意义。但我一旦获得成功，每封退稿信的价值都将重新计算。"到约翰·克里西逝世时，他共出版了 564 本书，无数的挫折都因他的坚持变成了成功。

想一想，十年是什么概念？是三千六百多个日日夜夜啊！再想一想，被拒绝 743 次是什么感受？他们之所以能在文坛成为巨匠，就因为在最难熬的时刻选择了坚持，咬着牙挺住了！那些障碍不是来阻挡我们成功的，而是让我们明白，现在的失败是因为还存在不足，或是因为努力不够。

要做一件事，先沉下自己的心。别因为暂时没挖出井水，就提早退出，宣称此处无水。成功是一种积累，只要你走的方向没有错，那就一如既往地努力下去吧！任何奇迹的出现，都取决于人为的坚持。

06. 追求完美，永不止步

工匠精神不是虚妄的口号，而是一种人生选择，代表着坚定、踏实，散发着精益求精的气质。这个世上任何宝贵的东西，如果不付出全部精力，没有务求完美的态度，都是难以做好的。

在全球市场的竞争中，以追求完美著称的德国人，可谓是"精良"产品的代言。德国人素来以近乎呆板的严谨、认真闻名，比如我们在看到奔驰和宝马汽车时，就能够感受到德国工业品那种特殊的技术美感。无论是外观设计，还是发动机的性能，几乎每一个细节都是无可挑剔的，而这恰恰反映出德国人对完美产品的无限追求。

是什么造就了德国人的严谨、认真，并在国际上享受殊荣呢？

答案就是工匠精神！德国产品之所以精良，是因为德国人追求的不仅仅是经济效益，而是把内心的信念、务实完美的态度融入产品的生产过程中。

我的一位朋友是国内某房地产公司的老总，提起德国人的做事态度，他深有感触。在20世纪80年代时，他们与德国的一家公司有过合作，当时负责人是一位德国工程师，为了拍摄项目的全景，原本在楼上就能拍，可德国工程师却坚持徒步两千米爬到一座山上拍，为的是将周围的景观拍摄得更加全面。

当时，朋友问他，为什么要这样做？这位德国工程师回答："回去后，董事会成员向我提问，我要把整个项目的情况告诉他们才算完成任务，不然就是工作没做到位！我的个人信条是，我要做的事情，不会让任何人操心。任何事情，只有做到100分才合格，99分也是不合格的。"

我们知道，标准大气压下，当水温达到99℃时，水不会沸腾，其价值是有限的；如果此时再加热一会儿，再多添点柴火，让水温再升高1℃，水就沸腾了。然后呢？这开水既可以饮用，也能够产生大量水蒸气开动机器，继而获得更大的动力和经济价值。

工作跟烧水是一个道理。你达到了99℃，依然不够，差1℃，结果却完全不同。所以说，唯有秉持务求完美的态度，才能把事情做到极致，拥有最好的结果。对个人来说，这种做事的态度直接决定着个人的前程和发展。美国总统麦金莱说过："比其他事情更重要的是，你们需要尽职尽责地把一件事情做得尽可能完美。与其他有能力做这件事的人相比，如果你能做得更好，那么，你就永远不会失业。"

　　某公司新进了一个做文案的女孩，自诩专业能力很强，做事很麻利，但态度略显随意。一次，部门经理让她为一家大型企业做广告宣传文案，女孩自以为才华横溢，用了一天的时间就把方案做完。部门经理看过后，觉得不太满意，又让她重新起草了一份。结果，女孩又用了两天时间，重新起草了一份，上司看过后，虽觉得不是特别完美，但还算说得过去，就直接递交给了老板。

　　第二天，老板让部门经理把女孩叫进自己的办公室，问她："这是你能写出的最好的方案吗？"女孩有点犹豫，说："嗯……我觉得，还有一些改进的空间。"

　　老板立刻把方案退给女孩，女孩什么也没说，径直回到了自己的工位上。调整好情绪后，她再次修改了一遍，重新交给老板。结果，老板还是那句话："这是你能写出的最好的方案吗？"女孩心里还是有些忐忑，不敢给予肯定的答复。于是，老板又让她拿回去重新斟酌。

　　这一回，女孩不敢草率了，她认真琢磨了一个星期，彻底地修改润色后才交了上去。老板盯着女孩的眼睛，问的还是原来那句话。女孩较前两次从容了许多，信心满满地说："是，我觉得这是最好的方案。"老板笑了，当即说道："好！这个方案通过。"

　　老板没有直接告诉文案到底该怎么做，也没有指责部门经理做事不够严谨，而是用严格的要求来训练卜属主动将事情做到完美。当最初和最后的两份方案呈现在眼前作对比时，任何言语都显得苍白无力，因为事实证明了女孩完全能够做到更好。

只有不断地改进，工作才能做好；只有尽职尽责，才能尽善尽美。工作中，我们也应当经常自问："这是我能做得最好的吗？"随后就是不断地改善。前后比较，其结果不需要别人评判，我们自己就能一目了然。

在一座宏伟气魄的建筑前，有句格言感人至深："在此，一切都要尽善尽美。"

粗劣的生活源自粗劣的工作，敷衍了事会摧残梦想、放纵生活、阻挡前进。人类史上的诸多悲剧，都是由于粗心、退缩、懒惰、草率造成的——宾夕法尼亚的奥斯汀镇被淹没，无数人死于非命，原因就是筑堤工程质量不过关，简化了设计中的筑石基，导致堤岸溃坝。

倘若我们都能秉承一颗匠心，带着责任感去做事，那么悲剧的发生率会大大降低，而个人的高尚品格也能从工作中得到升华。无论你的岗位是什么，都不要忽视它，伟大的机会就潜藏在平凡的职业和卑微的岗位上，只要你能将本职工作做得更完美、更精确、更高效，在每完成一件任务后，都能问心无愧地说一句"我已倾尽全力"，就会无往而不胜。

永远不要推说时间不充裕而做粗劣的工作，生活有充足的时间让我们去完善润色，缔造完美。当你在感叹如巴尔扎克一样的大匠的声誉时，也请效仿一下他们的行事作风，肯为一页小说、一个细节花费一周乃至更久的时间，从不轻率，精益求精。

人活在世上应当有所作为，而成就事业的关键在于是否有积极进取的精神。无论是大成功还是小成绩，都与投机取巧、胸无大志的平庸之辈无缘。当很多人在熟悉领域内对工作感到倦怠，抱着得过且过的态度时，他放下了被时间、利益驱赶着的焦躁和疲乏，将温度和情感浓缩进所有的作品中。所以说，工匠不只是有手艺就行，还当有不断追求更好的匠心。

我们都是平凡的，可平凡并不阻碍我们变得优秀。只要充满激情、不断进取、始终保持一个向上的姿态，对工作有利的各种条件就会像连锁反应一样，在工作的过程中不断呈现，并进入一个积极的循环，推着你走向卓越。

人生的价值在于奋斗，而奋斗是无止境的，即便是经过了努力取得了梦寐以求的结果，也不代表可以高枕无忧。真正的成功，不是抵达某个目标，而在于不断地追求。

一位学习跆拳道多年的年轻人，历尽艰辛，终于熬到了黑带。在接受得之不易的黑带仪式上，老师问他：“在授予你黑带之前，你必须接受一个考验。你知道黑带的真正含义是什么吗？”他想了想，回答说：“是实力的体现，是跆拳道者的荣誉和责任。”

老师摇摇头，说：“尽管你的技能可以得到黑带，但你的心理状态还没有到能拿黑带的时候，继续练吧！”他百思不得其解，只得继续练习。

三个月后，老师又问他：“你想到黑带的真正含义了吗？”他说：“代表着不受黑暗与恐惧的影响。”没想到，老师还是摇摇头，叹了口气就走了。

半年之后，老师再次提起先前的问题。此时，他已经过了刚刚拿到黑带时的兴奋期，心情非常平和，加之前两次老师的否定，也让他沉静了许多。他对老师说："黑带代表着开始，代表着无休止的磨炼、奋斗和追求更高标准的起点。"

这一回，老师终于笑了，拍着他的肩膀说："看来，你是真的理解了。"

无论是学习跆拳道，还是为事业奋斗，成功都是没有上限的。所有的名誉、头衔、职位，并不能代表你的一生。今天你是黑带，可若放弃了训练，明天你可能就变成了红带，再过几年你可能倒退回黄带；今天你是主管，可若不再努力，明天你可能就会被属下超越，再过几年你可能已成团队的末尾。作为企业员工，无论取得了怎样的业绩成就，都不能自满，而是要不断追求更高的目标，不断刷新自己的成绩。

去看看那些真正的工匠，无论他们取得了怎样的成就，都不会自满。他们永远把目标定在明天，定在下一个，这也意味着他们未曾松懈对自己的要求，也意味着他们淡泊了金光闪闪的成功光环，从而不断进步。不断追求手艺上的进步是一件难能可贵的事情，人只有放下眼前的成就，不断地超越自我，才可能获得长久的成功。

第六章

==

执行力强大的员工必备的 8 种品质

01. 忠诚胜过一切

关于"双料博士找不到工作"的事，不知大家听过没有？

一个颇有才学的年轻人，先在一所知名大学修了法律专业，后又在另一所大学修了工程管理专业。按理说，这么优秀的人找工作应当很容易，可事实根本不是这样，他最后被很多企业拉入了黑名单，成为永不录用的对象。

为什么会这样呢？原因是，他毕业后先去了一家研究所，凭借自己的才华研发出了一项重要技术，也算是年轻有为。然而，当时研究所给他的工资待遇不高，他心里有些愤愤不平，就跳槽到了一家私企，并以出让那项技术为代价换来了公司副总的职务。三年后，他又带着这家公司的机密跳槽了。就这样，他先后背弃了不下五家公司，许多大公司得知他的品行后，都不敢录用他。此时，他才意识到，原来对公司不忠，最终受损的是自己。

英国某权威医学杂志曾经公布过美国军医的一项调查：部署在亚洲某地的美国海军陆战士兵中，有90%都曾受到过攻击，大多数人都目睹过战友阵亡或受伤。由于长期处在紧张状态，时刻面临危险，陆战队员的心理健康都受到了不同程度的损害。该调查结果显示，约有

1/6 的士兵在完成任务后出现了心理问题，这个比例与越南战争期间基本持平。

战争是残酷的，可对于美国士兵来说，有幸加入海军陆战部队仍然是一种荣誉。曾在军中服役 27 年的一位军士长说："为了跟战友一起出征，我推迟了退役时间。如果我战前退役，我就不算一名真正的陆战队员。"另一位少校则说："人们出于什么目的加入海军陆战队并不重要，重要的是他们认可我们的价值观、我们的历史和我们的传统。"

这一切，无疑都表明了一点：美国海军陆战队士兵有着高度的忠诚度，他们忠诚于自己的军队，甚至不惧死亡。"永远忠诚"对美国海军陆战队来说，不是一句空话，而是一种生活方式。

与此同时，也有人对上百家企业进行深入研究，想知道什么因素能让员工有资格与老板保持密切关系，并得到重用。研究的结果表明：忠诚度，决定了员工在企业中的地位，以及受到重用的可能性！

我常常会给员工们做这样一个比喻：企业就像是一个同心圆，老板是圆心，员工是外圆。离圆心（老板）最近的不是高层主管，离圆心（老板）最远的也不是基层职员，外圆的远近由员工的忠诚度来决定。谁最忠诚，谁与老板的距离最近。不信的话，你可以看看：在企业里升职最快的人，一定是那些忠诚度高的员工。因为老板宁愿信任一个能力差一些但足够忠诚的人，也不会重用一个能力非凡却朝秦暮楚的人。这就是我们常说的：忠诚胜于能力。

我曾有幸结识一位女职业经理人，她样貌平平，学历也不高，最初是在一家房地产公司做电脑打字员。她跟我讲，当时自己的工位与老板的办公室之间隔着一块大玻璃，老板的一举一动只要她愿意就能看得清清楚楚，但她很少往老板那边看，一来每天有打不完的材料，二来自己只想靠认真工作与别人一争长短。

她说，虽然那时候只是一个打字员，可她深觉老板创业很不容易。她尽可能地为公司打算，打印纸不舍得浪费一张，如果不是要紧的文件，她就双页打印。公司的运作步履维艰，一年后员工工资告急，很多同事都跳槽了，最后总经理办公室的员工就只剩下她一个。人少了，她的工作量必然比以前更大，除了打字，还要接电话、为老板整理文件。

她看得出来，老板的情绪很低落，甚至有点放任了。有一天中午，她忍不住跑到老板的办公室，直截了当地问："您认为自己的公司已经垮了吗？"老板很吃惊，但很快回答："没有！""既然没有，您就不该这么消沉。现在的情况确实不太好，可许多公司也面临着同样的问题，不只是我们一家。我知道，您现在为了砸在工程上的那笔钱发愁，可公司还没有全死啊！我们还有一个公寓的项目，只要做好了，就能周转开。"说完，她拿出了那个项目的策划文案。

几天后，她被委派去做那个项目。两个月后，那片位置不算太好的公寓全部先期售出，她拿到了 3800 万元的支票，公司起死回生。之后的她，不再是公司里的打字员，而是副总。她协助老板做成了几个大的项目，还忙里偷闲地炒了大半年的股票，为公司净赚了 600 万元。四年后，公司改成股份制，老板成了董事长，她成了公司第一任总经理。

我问过她："为公司炒股赢利，你是怎么做到的？"

她的回答很简单："一要用心，二没私心。"

仔细琢磨她的话，感觉事实的确如此。很多员工一方面在为公司工作，另一方面却打着个人的小算盘，这样怎么能让公司盈利呢？这位女职业经理人，始终秉承着一颗忠于公司、忠于岗位、忠于老板的心，这些忠诚，最终成就了公司，也成就了她自己。

扪心自问：你是一个忠诚于企业的员工吗？请认真思考下面这三个问题后再做回答。

1. 你尽心尽力做好本职工作了吗？

忠诚不是空口号，而要落实到行动中，最直接的表现莫过于做好自己的本职工作，尽到自己该尽的责任。很多员工对未来充满幻想，对眼下的工作却敷衍了事，殊不知薪水的增加、职位的晋升全部都是建立在忠实履行日常工作职责的基础上的，你若总是浑浑噩噩，如何让企业把重任交付给你？

2. 你关心企业的发展，与之共命运吗？

员工的前途与企业的命运是紧密相连的，一荣俱荣，一损俱损。如果把公司和自己区分开，认为公司的盈利亏损不是自己该操心的事，只要自己每天按时上班下班，就该按月拿工资，一旦公司举步维艰，就辞职走人、另谋高就，这样的人走到哪儿都不会有好的发展。只有那些想公司所想、急公司所急的人，才能在处理问题的过程中不断提升能力，获取老板的信任。

3. 你时刻维护企业形象，重视企业利益吗？

一个忠诚的员工，不会把公司当作谋生的场所，只顾拿薪水，不顾公司的荣誉。维护企业形象，从点滴的小事中就能知晓：接听客户电话时注意语气；遇到投诉时心平气和；解决问题时态度诚恳……在公司上班的每一天，深知自己代表的不是个人，而是整个公司，不容许因为自己不经意的冷淡和鲁莽，致使公司蒙受荣誉和利益上的损失。

对企业而言，人才绝对是难能可贵的财富，可如果用了一个不忠诚于企业的人才，那给企业带来的损失远比他能创造的价值还大，谁愿意冒这个险呢？所以，一个不忠诚于企业的人才，即便再有能力、再不凡，也没有人会欣赏他的才华。做人，远比做事更重要。如果你选择了现在的企业，那就请你负责任地干活吧！既然老板付给你薪水，让你得到了温饱，得到了锻炼的机会，那你就该支持他、称赞他、感激他，和他站在同一立场，为他所代表的机构赢得利益和荣誉！

02. 带着信念去工作

信念有多重要？

传说讲到，女娲造人之后发现，泥做的人很脆弱，禁不住风吹雨淋，于是就给人插了一个脊梁。从此，人便可以顶天立地，栉风沐雨。这根脊梁就是"信念"。

一个人有没有信念，决定着他将拥有怎样的人生。

有信念，就能调动自身的一切力量，将其集中在人生目标上，改变自己的命运；没有信念，就不知道自己为什么而活，要去哪里，进而失去掌控自我的能力。有信念的人生，无论成功与否，至少不会迷茫；没有信念的人生，却如同茫茫大海上没有方向的船，只会不停地徘徊。

人生中最理想的事莫过于，找到自己喜欢的事，且没有任何烦恼能阻碍对工作的热情。就像乔布斯一样，我坚信让他一往无前的唯一力量就是他热爱自己所做的。可惜，这种情况并不多见。有时，你可能实现了当初的理想，做了自己想做的工作，可到了具体的烦琐事务中，却产生了厌烦的情绪，甚至最终选择放弃这份工作。

现实中，大多数人的最终选择并非是当初自己最满意的，都是在深入了解这个职业后，发现了其中的乐趣和惬意，渐渐地把这份职业变成了毕生的事业，将工作与生命的信念联结在一起，实现了人生的最大价值。

美国作家理查德·C.卡伯特说过："一个人的工作代表了他在这个世界的位置。"石油大王洛克菲勒更是教育自己的儿子说："孩子，如果你视工作为一种乐趣，人生就是天堂；如果你视工作为一种义务，人生就是地狱。"

他们所说的这些话，无疑都在阐述一个事实：为生存而工作，工作只是谋生的手段；为信念而工作，工作就是一种乐趣。把工作上升到信念的高度，把工作视为实践自己人生观、世界观的方式时，内在的动力和能量就会被唤起，它的威力是无穷无尽的。

"二战"期间的某次战役中，盟军的一支伞兵因飞机偏航而误投，身陷绝境，成为德军的俘虏。在德军的刺刀下，他们做着苦役，身形憔悴，却始终坚信盟军会打过来的！当盟军胜利的枪炮声不断逼近时，德军惶恐不安，命令这支伞兵俘虏站成一排。看到周围荷枪实弹的德军，伞兵们猜到了将要发生的事情。

战争的残酷与可怕，在于它与死亡紧密相连。

一个年轻的伞兵想起了父母和未婚妻，眼睛湿润了，身体不停地颤抖。站在他旁边的老兵紧握着他的手，说："兄弟，我们不哭！"一瞬间，所有的伞兵一个接一个地拉起手，视死如归。就在德国士兵举起步枪准备射击的时候，盟军发动了进攻，正义的枪炮最终压过了屠杀的子弹，一些伞兵幸免于难，其中就有那位年轻的伞兵。

后来，他随军队攻克了柏林，目睹着纳粹旗降下的那一刻，他想起那位曾经拉着他的手给予他安慰和力量却已永远不能醒来的老兵，想起了那一句"兄弟，我们不哭"。

原本简单的一句话，在那样的环境里，却显得格外沉重。这也是信念，一份铁肩担道义的信念，一份忠诚于国家、愿为之付出生命的信念。正因如此，军人们才有了视死如归的从容。

我们一生大约有 1/2 乃至更长的时间都在工作，工作对大多数人来说，既是谋生的手段，也是磨炼意志、展示才能、培养人格、提升品性、实现个人价值的平台。我曾让员工们思考并回答一个问题：你如何看待工作与信念？

1. 两者是一回事

2. 两者完全冲突

3. 两者完全不是一回事

4. 工作是生命信念的一部分

大多数员工给出的答案是 2 和 3，只有极少数选择 1 和 4。换句话说，在大多数员工看来，信念与工作没有关系，工作只是养活自己、赚取财富、不得不做的一种人生选择，仅此而已。他们很实在地对我说："我工作就是为了养家糊口，否则为什么要工作？"

可以想象，抱着这样的心态日复一日地工作，消耗掉的只是时间，根本难以收获实效。不少员工甚至表示，赚钱就是工作的首要目的，倘若有了足够多的钱，就会放弃工作。这样的回答是令人忧心的，因为他们根本没有把工作与生命信念联系起来，从一开始就扭曲了工作的目的和意义。

我反复重申职业规划的重要性，但在实践过程中，我发现让员工谈谈职业规划是最难互动的一个课题。不少员工在拿到规划表时，愁眉苦脸，不知道该写什么，其中不乏工作多年的老员工，他们在职业观上仍然处于迷茫的状态。

他们为什么对自己的职业没有规划？最主要的原因是，对自己的人生没有规划，没有形成自己对人生的看法，没有树立起一生的目标和生命信念。一个有人生信念的人，绝不会不知道自己的人生该怎么过，也不可能没有目标和计划，不会每天浑浑噩噩度日，更不存在对职业规划一脸茫然的情景。

当然，也有不少员工对我说，只有自己真正想做的事才能称之为"事业"，事业里才有自己的生命信念和人生价值，但工作和职业不是，那仅仅是谋生的工具。他们目前所做的事不是自己真正喜欢的，但碍于各方面的条件所限，只能如此。

这种工作与信念的分离是现代职场人的常态，无论是底层的普通职员，还是高层的管理者，都面临着同样的困惑。也许是出于生活的压力，也许是为了实现其他目的，他们选择了自己不感兴趣、不喜欢的事，尽管能够换来一些物质上的东西，但心灵却长期处于煎熬中。他们的才能、志向、职业观与当前从事的工作不相匹配，所做的事与他们对自己人生意义的看法完全不符，甚至相悖，职业带给他们的感觉是空虚、乏味、痛苦，在这种消极悲观的情绪中挣扎，势必难以对工作充满热情、尽职尽责。

一位心理咨询师在解答员工的这一困惑时，提到了她自身的经历。她说，目前的工作是她非常热爱的，且愿意为之奉献终生，她为自己能在不太老的时候找到自己喜欢的事业感到幸运。但是，这种幸运不是从天而降的，也经历了百转千回的周折。

大学毕业之初，她也不清楚自己到底适合做什么，庆幸的是，她并未停留在原地等待，而是积极地尝试可能接触到的所有工作。她做过中学教师，做过报纸和杂志社的记者、编辑，还做过行政文职、工程管理人员……最后，才与心理学相遇，并将其确定为自己最终的归宿。为了从事这个行业，她付出了很大的代价，但她并未抱怨为何没有一开始就让她遇到心理学。

她说，之前所有的经历对于目前所从事的工作都有巨大的帮助。做中学教师让她掌握了授课的技能，记者和编辑的经历培养了她良好的语言与文字表达能力，行政和工程管理的工作让她对企业管理有了基本的认识，并为把心理学融入企业管理奠定了基础。

黎巴嫩诗人纪伯伦写过一首小诗："用你的心织布缝衣，仿佛你的挚爱要穿上这件衣服；激情满怀地建造房屋，仿佛你的挚爱要居住其中；柔情蜜意地播种，欢喜地收获，仿佛你的挚爱要品尝果实。把你的灵魂气息注入你的一切物品，而且知道所有被祝福的谢世之人都在你身边守护着。"这位颠沛流离、贫病交加的诗人，一生饱经磨难，尝尽孤独，却把残酷的现实当作圣殿，把爱与美当作信念，用一首首动人的诗篇，感染了无数读者的心。

这就是信念的力量！当你找到自己的位置，全身心地投入，你会发现那是一件极其幸福的事。当你带着信念去工作时，你的人生便有了目标，那种坚定地要得到某样东西、试图完成某些理想的愿望，会成为一股强大的力量，指引着你向积极的人生迈进。记住：世界上没有什么不可能的事，每个人都可以超越平庸，超越自我，前提是你要坚守一份信念。

03. 敢于担当负责

希腊神话中，人始终背负着一个行囊在赶路，肩上担负着家庭、事业、朋友、儿女、希望等，历尽艰辛，却无法丢弃其中任何一样东西。因为，行囊上面写着两个字：责任。

走出神话，回归现实，亦是如此。每个人在生活中扮演着不同的角色，无论出身贫寒或富贵，都当对自己所扮演的角色负责。文成公主远嫁吐蕃，花木兰代父从军，张骞通西域，玄奘西游拜佛求经……都是在做自己该做的事，尽自己该尽的责任。

人可以清贫，可以不伟大，但不能没有担当，无论何时都不能放弃自己肩上的责任。有担当的人生才能尽显豪迈与大气；有担当的家庭才有安稳与幸福；有担当的社会才能有和谐与发展。只有勇敢承担责任的人，才会被赋予更多的使命，才有资格获得更大的荣誉。丢掉了担当，就会失去别人对自己的尊重与信任，最终失去所有。

我经常会听到一些年轻人抱怨，说领导给自己安排了太多的工作，却从来没有提加薪的事，自己一点儿动力都没有，每次都是敷衍了事。说这些话的员工，其实是很不负责任的。试想一下：医生能因为工资低、病患多，就敷衍了事地对待病人、马马虎虎地去完成一个手术吗？护士能因为总加班、琐事多，就漫不经心地给病人用药吗？

不要觉得，只有这些与生命息息相关的工作，才需要兢兢业业、谨小慎微、尽职尽责，任何一个企业、任何一个职业、任何一个岗位，都需要负责任、有担当的员工。你玩忽职守、随随便便，就等于放弃了工作中最宝贵的东西，也势必会为此付出沉痛的代价。这种代价，或是金钱，或是生命。

曾经，一所中学在下晚自习时，1500 多名学生在从教学楼东西两个楼道口下楼时，教学楼的一段楼梯护栏突然发生了坍塌。由于楼道里没有灯光，一片黑暗，且楼道内十分拥挤，学生们在惊慌失措的情况下，多人摔下楼梯，最终导致 21 人死亡、47 人受伤。

警方调查后发现，酿造这起惨剧的原因是：学校基础管理工作混乱。

首先，在事故发生地的楼梯处，12 盏灯中，1 盏灯没有灯泡，其余11 盏灯不亮。事故发生的当天下午，有老师向校长反映了照明的问题，可校长却以管灯泡的人员不在为由，没有及时处理潜在的安全隐患。其次，技术监督部门怀疑，该校教学楼楼梯护栏实际使用的钢筋强度没有达到相关标准，很可能在建造过程中偷工减料了，且学校在这座教学楼未经验收的情况下就投入使用，完全没有考虑到师生的安全。再次，事故发生时，带班在岗的校长敷衍塞责，正与市教委、本校和其他学校的

18位老师在一家饭店喝酒。

回顾整件事情的经过不难发现，惨剧的发生绝非偶然，若相关人员没有玩忽职守、忽视责任，也许就不会让那么多如花的生命黯然凋零了。放弃在工作中的责任，就如同放弃工作本身，这种代价是巨大的，甚至是你意想不到的。

美国火车站有一个火车后厢刹车员，人很机灵，总是笑眯眯的，乘客们都挺喜欢他。可每次遇到加班的情况，他就会抱怨不停。有一天晚上，一场突然降临的暴风雪导致火车晚点，这就意味着他又得加班了。他一边抱怨着天气，一边想着如何逃掉夜间的加班。

暴风雪本来已经够令人心烦了，更糟糕的是，它又阻碍了一辆快速列车的运行，这辆快速列车几分钟后不得不拐到他所在的这条轨道上来。列车长收到情报后，立刻命令他拿着红灯到后车厢去，做了多年的刹车员，他也知道这件事很重要，可想到车厢后面还有一个工程师和助理刹车员，他也就没太在意。他告诉列车长，后面有人守着，自己拿件外套就出去。列车长严肃地警告他，人命关天，一分钟也不能等，那列火车马上就来了。

他平日里懒散惯了，列车长走后，他喝了几口酒，驱了驱寒气，吹着口哨漫不经心地往后车厢走去。可等他走到距离后车厢十几米的时候，他突然发现，工程师和助理刹车员竟然都没在里面。这时，他才想起来，半个小时前他们已经被列车长调到前面的车厢处理其他事情了。

他慌了神，快步地跑过去。可是，太晚了！那列快速列车的车头瞬间就撞到了他所在的这列火车上，紧接着就是巨大的声响，和乘客们的呼喊声。事后，人们在一个谷仓里发现了这个刹车员，他一直自言自语："我本应该……"他疯了。

工作，就意味着责任。世界上没有不需要承担责任的工作，不能以职位低、薪水少为由来推卸责任。你要明白，职位与权力和责任是成正比的，你若连最基本的工作都不屑于做好，那企业如何给予你高薪厚禄，让你去挑起更重的担子，扛起更大的责任？

什么样的员工才称得上有责任心、有担当？

1. 勇敢承担责任，坚决完成任务

很多人对马拉松比赛都不陌生，但真正了解这项比赛因何诞生的人却寥寥无几。

公元前490年，希腊与波斯在马拉松平原上展开了一次激烈的战斗，希腊士兵打败了入侵的波斯人。将军命令士兵菲迪皮茨在最短的时间内把捷报送到雅典，给深陷困顿的雅典人带去希望。接到命令后，菲迪皮茨从马拉松平原不停地跑回雅典，那段路程大约有40公里。当他跑到雅典把胜利的消息带到的时候，他却因过度劳累倒下了，再也没有起来。

希腊人为了纪念这位英雄的士兵，1896年在希腊雅典举行的近代第一届奥林匹克运动会上，就用这个距离作为一个竞赛项目，用以纪念这位士兵，也用以激励那些敢于承担、坚持完成任务的人。

在企业中工作，从接到命令和任务的那一刻起，就应当立刻执行，并抱着坚决完成任务的信念，克服种种困难。因为，这是你的工作，也

是你的责任。

2.虔诚地对待工作，把工作当成使命

古希腊雕刻家菲狄亚斯被委任雕刻一尊雕像，可当他完成雕像要求支付酬劳时，雅典市的会计官却耍起了无赖，说没有人看见菲迪亚斯的工作过程，不能支付他薪水。菲迪亚斯当即反驳道："你错了，神明看见了！神明在把这项工作委派给我的时候，就一直在旁边注视着我的灵魂。他知道我是如何一点一滴地完成这尊雕像的。"

每个人心中都有一个神明，菲狄亚斯坚信神明见证了自己的努力，也坚信自己的雕像是完美的作品。事实也的确如此，在两千多年后的今天，那座雕像依然伫立在神殿的屋顶上，成为受人敬仰的艺术作品。

在菲狄亚斯看来，雕塑是他的工作，也是他的使命。他的内心有自己的工作标准，无论外人怎么看，他都认定自己的雕塑是完美的；不管有没有人监视，他都虔诚地对待自己的工作。正是这种强烈的责任心和兢兢业业的精神，成就了他的伟大杰作。

也许你不是雕塑家，但你却可以像菲狄亚斯一样，把自己的工作当成一种使命，以高度的责任心和严格的标准完成它。在接受一项任务的时候，由衷地热爱它，努力地做好它，这就是实实在在的担当！

3.主动自觉地去工作

一家知名企业曾在某名牌大学的礼堂举行专场招聘会，会上不少学生积极应聘，希望能进入这家企业工作，可是碍于招聘条件的严苛，许

多热情的学生都被拒之门外。招聘会散场时，礼堂里有一把椅子的座套被碰掉在地，学生们从旁边陆续经过，一个、两个、三个……这时，有个年轻的女孩主动弯腰捡起座套，掸掉灰尘重新把它套在了椅子上。

负责招聘的人力资源部经理恰好看到了这一幕，她问那个女生是不是大四的毕业生，女孩说自己在读大三。经理觉得很惋惜，说如果这个女孩是应届毕业生，不需要任何面试，就会录用她。助理问及缘由，她说："大概有20多个毕业生经过那个地方，却没有一个人弯腰捡起座套，这也说明，他们没有养成主动做事的习惯。"

西方有句谚语说得好："你看见主动自觉的人了吗？他必定站在君王的身边。"主动做事的人能够得到赏识，是因为明白工作不是为了企业和老板，而是为了自己学到更多的知识，积累更多的经验，所以能够全身心地投入到工作中去，主动去做事。

如果你想登上成功之梯的最高阶，就要保持负责的工作态度。即使你面对的是毫无挑战或毫无生趣的工作，但你若能意识到自己的责任，那么在这种力量的推动下你就会产生主动做事的欲望，最终得到丰厚的回报。因为，机会永远垂青有担当、不推卸的人。

04. 为荣誉而奋斗

我曾读到过一篇讨论"为什么真正的绅士有极强的荣誉感"的文章，文中讲述了几个与绅士和荣誉有关的故事。

故事一：爱德华·弗兹劳德爵士在加拿大观光旅游时，与印第安人一起漫步。当他看见一位印第安人的妻子背着一个沉重的包裹在她丈夫身后吃力地行走，而她的丈夫却毫无负担时，他震惊了。接着，爱德华爵士就走过去把背包放在了自己身上。

故事二：阿萨耶战役结束后不久的一个早上，海得拉巴朝廷的首相等待威灵顿公爵的接见，他想知道在马拉塔的王子与尼萨姆签订的和平条约中，为他的主子保留了哪些特权和哪些地盘。为了得到这些情报，他不惜给威灵顿将军提供大量钱财，约有十万英镑。威灵顿见到这位首相后，默不作声地打量了一番，然后问道："你能保守秘密吗？""当然。"那位首相不假思索地说。"那么，我也能保守秘密。"这位英国将军面露笑容，客气地把这位首相送了出去。

故事三：韦尔斯利侯爵在征服米索之后，东印度公司的领导们送给他十万英镑，却遭到了严正拒绝。韦尔斯利说："我不必去说我独立的个性，也不必去说我职务的尊严。除了这些重要的考虑外，还有其他原因使我拒绝了这些馈赠，这对我来说是不合适的。我只为我的军队打算，再别无他求。如果我克扣军饷，我会对自己更感到沮丧和失望。"

从上述的故事里，你看出了什么？绅士的品质不取决于他的生活方式或他的举止，而取决于他的道德价值；不取决于他个人财产的多少，而取决于他的个人品质的好坏。

真正的绅士永远彬彬有礼，而在这种友爱与仁慈的背后，是一份极强的自尊。他们注重自己的品格，不仅仅是因为别人看重自己的品格，更是因为自己看重它。他尊重自己，根据同样的法则，他也尊重别人。

真正的绅士所追求的，绝非是金银珠宝和高官厚爵，而是一份不被玷污的荣誉。一个失去了一切的人，只要他还保留着勇气、美德和尊严，他仍然是富有的，仍然受到世人的信任，他的精神就是他昂首挺胸、直立行走的资本。

西欧民族中的这种"绅士精神"，其实就是中世纪"骑士精神"的积淀与传承。从骑士精神到绅士风度，有着几百年时间的跨度，可其中的精髓——荣誉精神与理想精神，从未改变。骑士的宣言中有一句是"为荣誉而战"，如果把这个声音放在企业里，那就是"为荣誉而奋斗"。

为荣誉而奋斗，不是一句空洞的口号，而是一种全身心投入的状态。

有一个人，生下来就双目失明，为了生存，他继承了父亲的职业——种花。他从来不知道花是什么样子，别人说花是美丽而芬芳的，他有空就用手指去碰触花朵、感受花朵，或者用鼻子闻一闻花的香味。他用心灵感受着花朵，用心灵描绘着花的美丽。

他对花无比热爱，每天定时给花浇水、拔草除虫。下雨的时候，他宁肯自己淋着，也要给花撑把雨伞；炎热的夏天，他宁肯自己晒着，也要给花遮挡烈日；刮风的日子，他宁肯自己顶着狂风，也要用身体为花遮挡。

见他这个样子，很多人不以为然：不就是花吗，值得这样吗？不就是种花么，值得这么投入吗？他的所作所为，甚至被误认为是疯子的举动。然而，对于那些不理解的人，他却说："我是一个种花的人，我得全身心投入到种花中去，这是种花人的荣誉！"

多么质朴的一句话，可又是多么令人动容的一句话啊！你能不能像他一样由衷地说："我是员工，我得全身心地投入到我的工作中去，这是我的荣誉"呢？

企业中能够真切说出这样的话、有这样认识的员工并不多，因为大多数人都觉得，谈荣誉是一件很"虚"的事，因为荣誉摸不着、看不到，不如金钱来得实在，与其为了荣誉而工作，不如为了金钱而工作。

试想一下：如果这一生所做的任何事，都只是为了金钱，那么人生的意义何在？待到迟暮之年，躺在摇椅上闭目回顾这一生的岁月时，是否能够找到一些令自己感到骄傲、觉得不枉此生的事情？我想，在那样的时刻，金钱绝对不是那个填满心灵、带来欣慰的东西。

一则神话故事里讲到，国王求神赐予他点石成金的能力，他认为有了这个本领，就能无忧无虑、永远幸福了。神答应了他的请求。从此以后，只要国王触摸过的东西，不管是什么，都会立刻变成黄金，包括亲吻他的女儿。看到自己最亲近的人变成黄金，国王又开始求神收回自己的神力，他终于明白，这个世界上，还有很多东西比黄金更有价值。

是的，对于一个人来说，有价值的东西不只是金钱，还有生命的荣誉。荣誉不是一文不值的，它是一种无形资产，甚至比金钱更有价值。有位学者曾经说过："如果你拥有荣誉，你就可以获取你想要的财富；而一个拥有财富却失去荣誉的人，不仅不可能再获得财富，连已经获得的也会失去。"

每个员工都当具备成就感和荣誉感，都当全身心地投入到自己所做的工作中，对自己的工作引以为荣，对自己的企业引以为荣。只有这样，他才能焕发出工作热情。一个没有荣辱感的团队是没有希望的团队，一个没有荣誉感的员工也不可能成为优秀的员工。荣誉感不是虚名，而是一种意识，一种引导着行为和态度的意识，能把平庸与卓越的人区分开来。

关于荣誉，不得不说一下西点军校的荣辱教育。西点把荣誉看得至高无上，每一位西点的学员都要熟记所有的军阶、徽章、肩章、奖章的样式和区别，记住它们代表的意义和奖励，还要记住皮革等军用物资的定义、会议室里有多少盏灯、校园蓄水池的蓄水量是多少升，等等。这样的训练和要求，会在无形中培养学员的荣誉感。

军人把荣誉视为第二生命，任何有损军人荣誉的言行都是绝对禁止的。倘若员工对自己的工作也有这样的情愫，即便没有公司里的各种规章制度的约束，没有老板的督促，他一样能够尽职尽责，把工作做到极致。他所做的一切，不仅仅是为了薪水，也不仅仅是为了一份可以谋生的职业，而是在寻求一种认同感、归宿感和成就感。这种对荣誉的重视，给了他自发自觉的动力，让他远离任何借口，远离一切有损公司和工作的行为。

福建的刘先生跟我谈起他的人生经历，让我感触颇多。

当年，刘先生的一位远房亲戚在欧洲开饭店，因人手不足请他过去帮忙。刘先生应邀去了，没想到的是，他刚到欧洲不久，亲戚就患急病去世了，由于资金周转不开，饭店倒闭了。

刘先生不想回国，就在当地寻找工作，打算自谋生路。他后来去了一家中等规模的保健品厂做推销员，那家公司的产品不错，只可惜知名度不高，销量一直不太好。即便如此，刘先生还是勤勤恳恳地做着，后被提升为推销主管。

有一次，他在坐飞机出差的途中，遇到了歹徒劫机。经历了十几个小时惊心动魄的周旋，歹徒最终被制服，乘客们长舒了一口气。就在要走出机舱的那一刻，刘先生突然想到电影中经常出现的情景，当被劫机的人从机舱走出来时，总有不少记者前来采访，询问事件的经过。

想到这儿，刘先生会心一笑，有了主意。在那种情况下，谁也没想到，他从箱子里找出了一张大纸，浓墨重彩地写了一行大字："我是××公司的××，我和公司的××牌保健品安然无恙，非常感谢救助我们的人！"

他举着这样的牌子走出机舱，很快就被电视台的镜头捕捉到了，他也因此成了那次劫机事件的明星，多家新闻媒体都对他进行了采访报道。等他回到公司后，公司的董事长和总经理，还有所有中层主管，都站在门口夹道迎接他。他在机场别出心裁的举动，给公司和产品做了一次成功的免费宣传，原本不为人知的品牌，现在已经家喻户晓了。公司的电话被打爆，客户的订单源源不断。

董事长握住他的手，诚恳地说："没想到，在那样的情况下，你还想着公司和产品。你，就是最优秀的推销主管。"董事长当场就宣读了对刘先生的任命书——主管营销和公关的副总经理，事后又奖励了他一笔丰厚的奖金。

为荣誉而奋斗，是自动自发地履行工作职责，把努力当成一种习惯；为荣誉而奋斗，是全力以赴、满腔热情地做事；为荣誉而奋斗，是为企业着想，为上司着想，为客户着想，把公司的事当成自己的事。为荣誉而奋斗的人，在捍卫企业荣誉的同时，也树立了自己的荣誉；为荣誉而奋斗的人，在受到他人尊敬的同时，也会获得企业给予的最高回报。

许多员工之所以缺乏荣誉感，是因为没有树立主人翁的意识，没有真正明白员工与企业之间"一荣俱荣，一损俱损"的关系。如果说企业是一条船，那么员工绝不是船上的乘客，而是船的主人，你要对它负责，让它变成最好的，与这艘船共命运，与这艘船上所有的人共命运。只有用心去爱你的船，尊重你的船，拥护你的船，它才能够载着你平安快乐地驶向理想的彼岸。

珍惜并且捍卫荣誉吧，为荣誉而奋斗，没有丝毫懈怠！

05. 不找任何借口

很多次做培训时，我都会问："有多少人希望薪水翻倍？"

几乎所有人都会笑着举起手。然后，我又问："有多少人希望自己能有所作为，做到管理层的位子？"大家又笑了，纷纷举起手。

我继续问道："有多少人希望还清贷款，财务自由，过想过的生活？"到这时，台下有笑声，还有鼓掌的声音，大家还是不约而同地举起手。

很明显，大多数人都有远大的目标，渴望升职加薪，经济自由，给自己和家人更好的生活。这样的愿景是很美好的，可接下来的问题和答案，听起来却不那么美好了。当我问到"为什么你还没有实现这些目标，过上想过的生活"时，叹息和无奈取代了笑声。

"我没有高学历""我没有技术""我没有遇到合适的机会""经济形势不好""我的家庭环境不好""老板太苛刻了"……各种原因，纷纷入耳。听起来似乎都情有可原，我会对他们表示理解，但在理解之后，我也会告诉他们：这个世界上，有人比你的状况更糟糕，但他们还是通过自己的努力取得了成功，过上了自己想过的生活，成为自己想成为的人。

为什么他们可以越过阻碍，获得成功？答案只有六个字：不找任何借口！

一个穷苦出身的年轻人，初中毕业后从四川老家外出打工。

那是1997年，他应聘到一家房地产代理公司做发单员，底薪300块钱，不包吃住，发出的单做成生意，才能拿到一点提成。上班第一天，老板说了许多鼓舞士气的话，让他印象最为深刻就是那句——不找借口找方法。

上班后，他干劲十足。每天早上6点钟就出门，有时夜里12点还在路边发宣传单，3个月的辛苦打拼下来，他发出的单子最多，反馈的信息也最多，只可惜没做成一单生意。为了不让自己泄气，他把老板说的那句"不找借口找方法"的话写在卡片上，随时提醒自己坚持下去。

渐渐地，他的业务多了起来，公司提拔他做了业务员。当时，公司销售的楼盘是北京西三环的一栋高档写字楼，每平方米价值2000美元。这样的高档房子，卖出去一套就能拿到丰厚的提成。他心里暗暗高兴，以为很快就能出单。没想到，两个月过去了，他一套房也没卖出去。

终于有一天，有客户主动找到他。他的心情可谓喜忧参半，高兴的是终于有了客户，担忧的是不知道怎么跟客户谈。他憋得满脸通红，手心直冒汗，就只知道简单地给客户介绍楼盘，然后傻傻地看着对方，其他的话一句没有。最后，客户失望离开。

"不找借口找方法"，他又开始给自己鼓劲。为了提高自己的说话能力，锻炼沟通技巧，他主动跟街上的行人说话，介绍楼盘。两个月后，他的语言表达能力有了不小的进步。

有一天，一个抱着箱子的人向他问路，想去三里屯的一家酒吧。他热情地给对方指路，可对方似乎还是不太明白，最后他就亲自带对方过去，还帮忙拎箱子。临别时，他顺手把一张宣传单给了对方，简单地介绍了一下自己和公司的楼盘。没想到，那个人第二天就找到他，买下了两套房，并说："我平时很烦别人向我推销东西，但你不一样，值得信赖。"这一单让他赚到了一万块钱，可对他来说，比金钱更大的收获是，他找到了自信，相信自己能胜任这份工作。

虽然出了单，可每个月卖出一两套房，这样的业绩依然算不上好。当时，公司组建了 5 个销售组，采取末位淘汰制，而他就站在被淘汰的边缘。他终于明白，要胜任还得找到好方法。于是，在老业务员与客户沟通时，他就在一旁认真地听，看他们如何介绍楼盘，如何拉近与客户的距离。他还买了不少关于营销技巧的书，学会把握客户的心理，判断客户的需求和实力，这使得日后每次与客户交谈都变得有针对性，业绩也开始稳步提升。

后来，北京的另一家企业到他所在的公司挖人，以双倍的待遇聘请他。慎重考虑后，他发现那家公司精英众多，自己难以出人头地，就婉言谢绝了。

这个事件给公司造成了很大的影响，留下来的人都得到了重用，在公司工作两年的他也脱颖而出。当时，一个客户想买写字楼，但态度比较犹豫，他知道后，特意给客户做了一个报告，详细分析各楼盘的特点，并告诉客户，他的楼盘的性价比和优势。最终，客户决定买下一个大面积的写字楼，这一单就卖出了2000万元。

在那之后，他一个季度的销售额达到了6000万元，在公司排名第一。按照公司规定，销售业绩前5名者可竞选销售副总监，而他竞选成功了。只可惜，在第一个季度结束时，他带领的团队业绩排在最后，这就意味着，他要告别副总监的位子了。过去被撤销副总监职位的人，大多都选择了离开，毕竟从主管降到业务员，心理落差太大，面子上也觉得难堪。可是，他没走，他觉得自己被淘汰就是因为自己还无法胜任，从哪儿跌倒就要从哪儿爬起来。

重新做回业务员后，他很快调整好心态，和从前一样拼命地工作。在2003年的最后一个季度，他再次以销售额第一的业绩竞选上了销售副总监。这一次，他吸取了以往的教训，刚一上任就开始对手下的员工进行培训，传授自己的销售经验。他说，只有大家都好了，自己的境遇才会更好。就这样，在这个季度结束时，他的团队销售额达8000多万元，租赁也达5000多万元。这样良好的业绩此后一直保持着，而他每年的收入也在100万元以上。

这个带着初中学历闯京城，最后年薪百万的人物，名叫胡闻俊，而那个告诉他"不找借口找方法"的老板，就是潘石屹。

著名管理学家和培训师吴甘霖先生，曾经在清华大学高级总裁班上对一些企业家做过一项抽样调查。当问到"哪一类员工，是你们最不愿意接受的员工"时，答案是：

（1）工作不努力而找借口的员工

（2）斤斤计较的员工

（3）华而不实的员工

（4）损公肥私的员工

（5）受不得委屈的员工

当问到"哪一类员工是你们最喜欢的员工"时，答案是：

（1）不等安排工作就能主动做事的员工

（2）通过找方法加倍提升业绩的员工

（3）从不抱怨的员工

（4）执行力强的员工

（5）能为单位提建设性意见的员工

这一调查结果，再次印证了一个结论：凡事找借口的员工，是任何企业里都不受欢迎的员工；不找借口找方法、诚实面对问题的员工，是任何企业都需要的员工。

那么，在实际的工作中，不找借口、不逃避问题、诚实地面对自己，体现在哪些方面呢？

1. 立即行动

当一个企业借口蔓延的时候，这个企业就丧失了发展力；当一个员工习惯找借口的时候，这个员工就丧失了成功的机会。那些在岗位上取得一定成就的员工，在接到任务的时候，从不去想条件怎样差，只想自己该怎样做。

执行，存在一个时间问题，选择立即行动，还是拖延等待，结果大相径庭。一个成功者必是立即行动者，因为立即行动能让人保持较高的热情和斗志，提高做事的效率；相反，拖延却只会消耗人的热情和斗志，让人变得愈发懒惰，愈发没有接受挑战的勇气。所以，要提高执行力，就不要找任何借口拖延，去做才会有改变。

2. 承担力

现代企业需要的人才，不仅要有出色的工作能力，还要具备强大的内心。很多员工在遇到困难、遭受失败时找借口，多半是不敢去面对，试图用借口来为自己辩护，掩盖过错，逃避该承担的责任。

导致这种行为的原因，无外乎是出于对面子的维护，或是害怕影响自己在他人心中的威信和信任。其实，这些担心都是多余的。我曾就此问题与一位知名企业的总裁探讨过，他是这样说的："我很希望我的下属都有承认错误的勇气。没有不犯错的人，包括我自己在内。我不会因为谁犯了个小错就全盘改变对他的看法。相反，我更看重一个人面对错误的态度。"

在工作中有失误不是什么可怕的事，怕的是不敢承认，找借口为自己辩护。积极、坦率地承认和检讨，尽可能地对事情进行补救，防止事态恶性发展，并从错误中吸取经验，这才是正确处理问题的态度，也是赢得信任和尊敬的做法。

没有任何借口，是每个员工都当秉承的理念，这是一种诚实的态度，一种负责的精神，一种完美的执行能力。在每个工作日的早晨，或是在开始工作之前，在心里默念一遍下面的话："我是一个不需要借口的人。我对自己的言行负责，我要付诸行动，我知道工作意味着什么，我的目标很明确。我要尽自己最大的努力去工作，不抱怨环境，不逃避困难，不去想过去，只想如何继续自己的梦想。不找任何借口，因为我对自己充满信心！"

06. 勇于接受挑战

没有勇气的人根本就无法通过职场测试。优秀员工必备的品德之一就是勇敢，无所畏惧地向困难宣战。在关键时刻挺身而出保护弱小，你决不能退缩。

美国钢铁大王卡耐基是这样描述他心目中的优秀员工的："我们所急需的人才，不是那些有多么高贵的血统或者多么高学历的人，而是那些有着钢铁般坚定意志，勇于向工作中的'不可能'挑战的人。"

路易斯·郭士纳在加入 IBM 之前，IBM 正陷入前所未有的困境中，亏损严重，人心浮动。董事会经过讨论决定，从外部聘请贤士解决 IBM 的难题。经过猎头公司的推荐，他们最终将目标锁定在咨询顾问出身、曾在大型公司担任过总裁、现已赋闲在家的郭士纳。

猎头公司的高管和 IBM 的高级董事分别与郭士纳交谈过，希望他能出任 IBM 的 CEO。郭士纳当时并未答应，一是之前并未接触过任何计算机或同类公司的经营管理，二是从朋友那里得知了 IBM 的艰难现状。朋友劝他，别为此毁掉自己的一世英名。考虑再三，郭士纳拒绝了。后来，IBM 创始人之一的小沃尔森又与郭士纳进行了面谈，非常希望他加入 IBM，可郭士纳还是觉得把握不大婉言谢绝了。

或许，解放了自己，
才能解放事物和它们之间的联系

至此，郭士纳以为这件事情就过去了，直到有一天，他被邀请参加美国总统克林顿的私人宴会，席间克林顿问及 IBM 邀请他出山的事。郭士纳表示，自己已经婉言谢绝，没想到克林顿却说了一句意味深长的话："IBM 是美国的 IBM，代表着美国，IBM 需要你，希望你能够重新考虑。"恰恰是这句话，唤醒了郭士纳内心深处的责任感。他不再计较个人成败得失，凭借着振兴美国工业巨头的责任心，接受了这份挑战。

或许，对于大多数普通职员来说，巨头企业 CEO 这样的职务与自己还有一段距离，但郭士纳在面对挑战时对于成败得失的顾虑，却是每个人都有过的。回头想想，我们在工作中也总会遇到"烫手的山芋"，比如高难度的任务，艰苦恶劣的环境，摇摇欲坠的危机……做好了皆大欢喜，做不好满盘皆输。在这样的情况下，不少员工都会选择明哲保身，不愿冒险。

话说回来，再难的事也总要有人去做，再麻烦的问题也总要有人去处理。西方的航海业有个不成文的规定，当一艘船遇到危险要沉没的时候，船长肯定是最后一个离开的，甚至有的船长干脆选择和船一起沉没。如果你能在困难时挺身而出、担起大任，无论成败与否，这种精神都会令人尊敬。尽管承担重任的过程需要付出更多，可能充满痛苦，但痛苦却是促人成熟的必经之路。

某日，龙虾和寄居蟹在深海里相遇了。寄居蟹看见龙虾把自己的硬壳脱掉，露出娇嫩的身躯，大惊失色地说："你怎么能脱掉硬壳呢？它可是唯一能保护你身躯的东西啊！你不怕被大鱼一口吃掉吗？就算没有大鱼,以你现在的样子,一个急流就能把你冲到岩石上去,到时你不死才怪呢!"

龙虾丝毫不紧张,气定神闲地答道:"谢谢你的关心,你可能不知道,我们龙虾每次成长,都必须把旧壳脱掉,才能长出更坚固的外壳。现在面对危险,只是为了将来更好地生存做准备。"寄居蟹闭口不言,陷入了沉思中。

和自然界的生物一样,人也有一定的舒适区,若想超越自己目前的成就,就不能画地为牢,更不能想着逃避挑战,躲在安全区里不出来。职场的竞争不亚于自然界,对害怕危险的人来说,危险无处不在。正所谓,不进则退,你害怕面对,你不敢接受挑战,那就会被超越,被淘汰。

我的一位朋友在某知名酒店IT部门担任主管,刚进入这家酒店时,他的职位是网络管理员。当时,这家酒店计划开设自己的千兆网站,但要建立千兆网站,必须要解决大量的技术问题,具体到网站如何设置以及大量的商业问题。

酒店的经理犯了难,这个项目执行人必须既懂计算机技术又懂销售,一时间去哪儿找合适的人才呢?问了酒店里的几个人,大家都知道责任重大,况且他们自己也有许多不明白的地方,索性就推辞了。结果,这个项目就被搁置下来。

我的这位朋友是计算机科班出身,平时主要负责计算机联网工作,对业务上的事知道的并不多。可听说经理正在四处苦寻项目执行人,一筹莫展,他就自告奋勇地说:"让我试试吧!"经理抱着试试看的心理同意了。

朋友接手后,一边请教专业人员,一边自学商业和业务知识,一边解决网络技术问题。项目进展得不算快，但却在稳步前进。见此情景，经理对他的信任也日渐增加，不断地放手给他更大的权力，提供更多的支持。最后，他出色地完成这项许多人都推托过的任务，并因此得到了升职的机会。到现在，他还总是说，是那个"烫手的山芋"成就了他。

公司的每个部门和每个岗位都有各自的职责，在关键时刻挺身而出、接受挑战，绝不是一时冲动逞英雄的行为，而是要建立在有扎实的工作功底的基础上。有些自诩聪明的人想的是，如果自己揽下了任务却没做到，不仅丢了面子，还会丢掉老板对自己的信任，还不如不干。可问题是，如果大家都明哲保身，互相推诿，那公司的工作怎么进展呢？

在授课的过程中，我接触过很多各方面条件都不错且颇具才学的员工，遗憾的是，在深入了解后我发现，他们缺乏应对困难的信心和勇气，不敢面对问题和挑战。从他们在一些测试中的表现可以看出，这些员工平日里习惯了循规蹈矩、随遇而安，遇到麻烦事尽可能躲得远远的，害怕失败，也没有勇气承受失败。正因为此，这些明明具备种种令老板赏识的技能的人才，工作多年都没有大的作为，也没能得到重用，一直平平庸庸。

很多事情，不管是否能顺利、出色地完成，总得先有人尝试着去做！毕竟，做才有成功的可能。在这个关键时刻，企业和老板最需要的就是有胆识的员工，无所畏惧地接受挑战，积极地处理问题，绝不退缩。

有句话说，思想决定命运。不敢接受高难度的工作挑战，就是对自己的潜能没有信心，这种思想最终会让自身无限的潜能化为乌有。当然，仅仅有接受挑战的勇气还不够，重要的是在接受挑战后，能排除万难，坚定地走下去。

有个年轻的小伙子，原本是一家公司的生产工人，后来主动请缨说想做销售，恰好那会儿公司正招聘营销人员，经理与之详谈后，发现他具备从事营销工作的潜质，就同意了。

当时，公司的规模并不大，也就三十多人。面临诸多有待开发的市场，公司的人力和财力明显不足，经过商议决定，每个地方只派一名销售，那个小伙子被派往了西部的一个城市。

人生地不熟，吃住都成问题，这样的环境确实不太理想。可小伙子很珍惜这个工作机会，不想轻易放弃。没有钱打车，他就坐公交车去拜访客户，距离不太远的就步行前去。有时，他为了等一个约好的客户都顾不上吃饭。

为了节省开支，他租住了一个闲置的车库，因为只有一扇卷帘门，没有窗户，晚上一关灯，屋里就一丝光线都没有了。那个城市的气候也不太好，春有沙尘暴，夏有冰雹，冬有雨水，这俨然又是一个巨大的考验。有一回，他赶上了冰雹，险些受伤。这样艰苦的条件，真的超出了小伙子的想象，说不动摇绝对是骗人的。可每次动摇时，他都会对自己说："我不能放弃这份工作，我要对它负责！我不能辜负领导的信任！"

一年后，派往各地的销售人员纷纷回到公司，有六七个人不堪忍受工作的艰辛离职了。小伙子的业绩是营销团队中最好的，他自然也得到了丰厚的回报。三年后，小伙子已经成了公司的市场总监，此时的公司也已经发展成一个几百人的中型企业了。

人生最精彩的篇章，不是你在哪一天拥有了多少财富，也不是你在哪一刻赢得了赞誉。最振奋人心的、最令人难忘的，也许就是你在某一个艰难而关键的瞬间，咬紧牙关战胜了自己。如果你想摆脱平庸，拥有卓越的人生，那就先丢掉内心的恐惧和退缩，勇敢接受挑战吧！

07. 时刻保持激情

几乎每个企业中都有这样的员工：没有神经、没有痛感、没有效率、没有反应，不接受任何新鲜事物和意见，不在意批评和表扬，没有耻辱感和荣誉感，整个人就像是橡皮做成的一样。我们常常把这类员工称为"橡皮人"。

你是不是职场中的"橡皮人"呢？这里有一个测试，总共 10 个题目，符合情况得 1 分，不符合得 0 分，最后累计得分。

1. 接到一个新任务后，总要等一段时间才去做，总觉得工作很简单，没必要太着急。

2. 无论在什么样的会议中，都会发呆走神。

3. 你觉得现在的新人都有点异想天开，实际上什么也不懂。

4. 认为工作混混日子就行了，因为总得不到与自己能力相匹配的职位。

5. 公司改变管理制度，你认为这都是形式化的东西而已。

6. 总是想不明白，为什么领导看上去总在做一些错误的安排。

7. 出了问题不想办法解决，总想着会有别人去解决。

8. 公司里的人事安排，你认为自己知道其中的"猫腻"。

9. 一年之内，你没有接受过任何批评或表彰，但你并不在意。

10. 休息时间出去聚会，你总会不停地讲公司的一些事情，并能得到大家的响应。

测试结果：

得 1~3 分

黄色预警：你还不属于"橡皮人"，现在对工作还有些许激情，但已经出现"橡皮化"的端倪。如果继续下去，很可能改变上司和同事对你的好感，降低对你的期望值。

得 4~6 分

橙色预警：你已经有"半橡皮化"的特征了，个人的"品牌价值"已经下降不少，你对于工作已经完全没有激情。只不过，鉴于你的工作能力和工作经验，暂时不至于被扫地出门。

得 7~10 分

红色预警：你已经成了"橡皮人"，对工作毫无热情，十分麻木。长此以往，可能会因为过度"橡皮化"而被其他单位拒之门外。

为什么会沦为"橡皮人"呢？我想给大家讲一个真实的故事。

两年前，一个 27 岁的小伙子找到我，诉说了他的困惑。这个小伙子读高中时成绩优异，后被保送到一所名牌大学。大学期间，他不仅学习成绩好，在社团活动和社会工作中也很活跃，担任了不少职务，说他是学校里叱咤风云的人物，一点也不夸张。

毕业那年，一家上市公司看中了他，请他做企业宣传。小伙子风华正茂，一腔激情，想着要在工作中大展拳脚，发挥自己的才能。由于部门的人员少，工作重，很多材料都需要他来撰写，除了这些分内事，还得兼顾领导临时交代的事情，包括跑腿打杂、安排吃饭、跟班出差服务等，经常是别的同事都下班了，他还在办公室里加班，周末也难得休息。

他的工作态度是有目共睹的，领导和同事对他颇为赏识。企宣部的主任调走后，这个位子一直空着，他暗地里认为这个职务就是自己的了。没想到，公司人事变动，空降了一名新主任，他还得继续"打杂"。这件事对他的打击很大，削减了他的热情。渐渐地，他对工作不那么拼了。最初领导批评他拖拉消极，他还觉得有点内疚，可一想到自己的处境，他彻底没了激情，觉得干好干坏一个样，领导批评他就听着，不解释也不反驳，总之就是无所谓了。

看到他萎靡不振的样子，亲朋好友劝他跳槽，换一个环境重新开始。可是，想到公司效益稳定，薪水也不错，他一直很犹豫。尤其是，看到曾经的同事跳槽后没能得到更好的发展，他就打消了跳槽的念头，打算继续混着，当一天和尚撞一天钟。

他找到我的时候，已经在那家公司做了五年。他说，自己对工作没有任何的奢望，每天就是机械地上班下班，没追求，没目标，就是两个字："麻木"。他不知道自己为什么会变成这样，也不知道怎样改变现状。

这个小伙子的状况，是许多"橡皮人"都曾有过的经历。他们原本是有理想和追求的，只不过在工作中的一些遭遇让他们失望了，进而采取消极的态度来应对。从心理学角度来说：一定的行为背面隐藏着对应的行为目的。当一个人无法用正当的行为达到自己的目的时，他们会用不当的行为来达到目的。作为一名员工，他付出了努力却没能得到自己想要的结果，看不到前景和未来，就用自暴自弃来减轻内心的失落与痛苦，最终沦为"橡皮人"。

这种处理问题的方式是消极的、缺乏理智的。现代社会竞争激烈，如果不及时调整自己的状态，很有可能引起上司的不满，甚至丢掉工作，导致恶性循环。走进任何一家企业，你都会发现，那些颇受欢迎和赏识的，一定是对工作充满激情、始终保持着饱满的精神状态的员工，麻木的"橡皮人"只会在平庸中遭到淘汰。

对工作丧失热情，变得迷茫麻木，都是心理原因所致。如果你把工作当作成长的过程，明白工作可磨炼意志、提高能力、积累经验，你就会把少得的报酬当成自己支付的学费，并在工作中发现乐趣。即便暂时没有升职加薪，也不会心存怨怼，因为你知道，在付出的过程中并不是无所收获。相比薪水和职务而言，内在的提升更重要，这才是走到哪儿都不会贬值的资本。

一位经理人说过："不要怠慢现在正在做的事，不管你将来是不是要调离。如果你是会计，不要只天天例行公事地翻看账本，要做个有心人，多想一些问题。这样做三年，我敢保证你会和别人做三年大不一样。当你厌倦了这个工作想跳槽时，你会发现，你比别人更有实力。"

除非你不选择某项工作，一旦选择了，你就要对自己的选择负责到底。这种负责的外在表现，就是充满热情地去工作，不计较得失，不计较名利。事实上，当你始终充满热情、以饱满的精神出现在岗位上，你想要的都会"款款到来"，一切只是时间问题。就像《瓦尔登湖》的作者亨利·戴维·梭罗说的那样："一个人如果充满激情地沿着自己理想的方向前进，并努力按照自己的设想去生活，他就会获得平常情况下料想不到的成功。"

弗兰克·贝特格曾是一名职业棒球手，事实上他并没有打棒球的天赋，可他在赛场上的激情却是无人能比拟的。每一次比赛，他那充满激情的打法，都会感染整个球队，令场下的观众情绪高涨。从职业棒球队退役后，弗兰克开始从事保险推销工作。最初的十个月很难熬，客户总在他还没有说完话的时候就把他赶了出来，直到卡耐基先生对他说："弗兰克，你推销时的言语一点生气也没有，如果换成是我，我也不会买你的保险。"这时，弗兰克才恍然大悟。

一天，弗兰克走进一家公司，鼓起全部的勇气和热情向负责人推销保险。那位负责人被震惊了，他大概从来都没有遇见过像弗兰克这样有激情的推销员，他挺了挺身子，瞪大了眼睛，听弗兰克一字一句地把话说完，中途并未打断他。最终，那位负责人接受了弗兰克的提议，从他那里买了一份人寿保险。正是从那天开始，弗兰克成了一个真正的推销员。

后来，在提到自己推销保险的成功经验时，弗兰克说："在我十几年的推销生涯中，我看到许多有激情的推销员的收入成倍地增加，也看到了很多人因为没有工作的激情而一事无成。而我自己，差点就成了他们中的一员。"

在顺境和高峰的时候拥有激情并不难，难的是在遭遇挫败的时候，还能一如既往地保持激情。做任何事情都会遇到问题，如果稍有不顺心就怨天尤人，遇到点打击就萎靡不振，那么不管走到哪儿都无法找到工作的激情。要知道，没有任何一个企业是为你量身打造的，世界不会以你为中心。那些获得了一定成就的人，无一不是在最差的境遇下依然保持着向上的斗志和永不言败的精神。

想要在工作中永葆激情，首先要转变心态，由心态扭转行为。

1. 让心境影响环境，不让环境影响心境

境由心生，这个词你一定不陌生。外在的环境我们是无法控制的，但我们可以掌控自己的心境，很多时候心境变了，环境也就跟着"变"了。这种"变"，最初是看问题的角度发生了转变，处理问题的方式发生了转变，而后在积极的努力下，它往往就会从本质上发生转变，最终朝着好的方向发展。

2. 不忘初心，方得始终

每个人在初入职场时，都怀着美好的愿望，都渴望做出一番成绩。到后来，渐渐开始浑浑噩噩度日，只是因为忘记了自己的初衷。好好回想一下，你刚开始工作的时候，是不是充满激情，希望做出轰轰烈烈的事业，希望实现个人的最大价值？现在，经历了一些不如意之后，最初的想法是否仍然存在？在激情消退的时候，不妨多想想自己当初工作的目的，以此激励自己，不让时间消磨动力。毕竟，激情不能靠别人给予，只有发自内心的激情，才能够一直持续下去。

3. 把挫折当作上升的台阶

李开复历经职场考验后，总结了一句话："挫折不是惩罚，而是学习的机会。"

对于工作中的挫折打击，不要总是从消极的角度去看，要挖掘出它的积极意义。比如，逆境能让人更加清醒地认识自己，看到自己的不足。从挫折中找到正面的能量，它就能成为你提升自我的阶梯。

以高度的工作热情，忘我、全身心地投入到你的工作中去吧！相信我，这样做的结果，绝不会让你失望。

08. 永葆谦卑之心

世间没有卑微的工作，只有卑微的态度！每一份工作都有它的价值所在，工作不分高低贵贱，只有做得好和做不好！重要的是，你能否用一种谦卑的姿态去对待每一个岗位和每一份工作，哪怕它很平凡，你也能将它做得无与伦比。一个认真负责的人，不管在什么样的岗位上，都能做得很出色，也都能够从中得到更多更好的机会。

说来容易做来难啊！真能达到这种境界的人少之又少。有很多初入职场的新人一脸沮丧地跟我说，他毕业于某某名牌大学，曾经如何出类拔萃，带着优越感走进职场，本想大展拳脚实现抱负，结果却得不到领导的重视，每天做着不起眼的工作，没有升职加薪的机会，心理落差很大，以至于后来干什么都提不起精神，自信心大受打击。

产生这种心理的根本原因，是对工作缺乏正确的认识。天底下不存在卑微的工作，也没有不重要的工作，只有看不起工作的人。同样，天底下也没有不好的工作，只有不愿做好工作的人。当你抱怨自己怀才不遇，艳羡着那些"大角色"的时候，你知道他们是怎样一步步走到今天的吗？

美国通用电气公司前 CEO 杰克·韦尔奇，最初在一家小鞋店做售货员，这份工作基本上没有什么值得炫耀的地方，可韦尔奇却觉得可以跟形形色色的人打交道是一种乐趣。但凡有客人走进商店，他都会给他们拿来各式各样的鞋子，让他们试穿。如果客人不喜欢，他就会不厌其烦地推荐另外的款式。这份工作教会了韦尔奇一条重要的生意经：一切为了做成买卖。

在鞋店做售货员的几年里，韦尔奇几乎没有让任何一个走进鞋店的客人空手离开。韦尔奇就是从这份平凡的工作起步，逐渐成就了自己传奇的事业。后来，有人问及他的成功秘诀，韦尔奇只说了七个字：做好平凡的工作。

被誉为美国百货商店之父的约翰·沃纳梅克，年轻时曾在费城的一家书店打工。当时，他的薪水每周只有 1 美元，可他从来没有看不起这份工作，兢兢业业地做着。靠着这份勤奋刻苦的劲头，他最终成了美国最富有的商人之一。

福布斯曾说过："做一个一流的卡车司机比做一个不入流的经理更为光彩，更有满足感。没有不重要的工作，只有看不起工作的人。"所以，别看不起你的本职工作，能把手头的工作做到最好并不容易。

提起谦卑，我想起了普华永道高级顾问大卫·艾尔顿先生讲过的一个故事。

故事的主人公叫玛丽，出生在苏格兰格拉斯哥生活最艰苦的地区，家中有五个兄弟姐妹。玛丽说自己的父亲是个好人，当周遭许多孩子都赤脚上学时，他总会想办法给自己的孩子脚上弄些可穿的东西，如果有新的纸板，就给孩子们换上新纸板鞋掌。

玛丽很聪明，成绩总是前三名，唯独地理科目学得稍差，得七八十分，这还是她几乎每天迟到、被老师用皮条处罚的情况下取得的成绩。多年后，老师才得知，玛丽之所以迟到，是因为要先送妹妹上学，而妹妹上学的时间比她晚。玛丽不愿意解释，是不想为迟到找借口。

可惜，家里实在太贫穷了，玛丽14岁时不得不辍学，给人做保姆贴补家用。"二战"爆发后，玛丽参军报国。在军队里，她凭借自己的技能和才智，很快就被提拔成二级军士长，且不管到哪儿做什么工作，都得到一致的好评。随着战火渐熄，玛丽与一名突击队军士长结婚，不料对方却在战争即将结束前离世了，留下玛丽和一名遗腹子。

后来，玛丽找到了一个愿意接纳怀有身孕的她的家庭，在那里做厨师和管家。在这个大户人家做工是很辛苦的，尽管他们通情达理，但不时地在家宴请大班宾客，家务活有多繁重不言而喻。玛丽经常从早上6点开始就要忙着打扫卫生和下厨，直到晚上11点才能休息，可她一句怨言都没有，坦然从容地接受命运的安排，做好自己的本职工作。对她来说，人生就是有机会要好好把握，但日子还要一天一天过。

玛丽一直跟这个家庭生活在一起，直到72岁那年，她想放慢一下生活节奏，才停止全职工作。尽管年岁已高，但玛丽的头脑从未衰减。耄耋之年，她依然能在英国《泰晤士报》的填字比赛中打入伦敦市的决赛，只因不想在公众面前抛头露面承受公众人物的压力，才选择退赛。

在数十年的工作中，玛丽从来没有主动要求过加薪，她稳重、忠诚、谦卑、纯粹、无私，她的付出为他人的成就奠定了基石。她从来没有为自己做保姆、当家佣感到羞耻，她说任何一项工作都是值得做的，如果你在人生中能够有些许机会去做些什么，那就好好地把握这些机会，把事情做好。

令人欣慰的是，玛丽而今已经90岁高龄了，可她依然很敏锐，且非常独立。她过着安静舒适的生活，如果让她看到类似"到别人家去当家佣是一项极为令人羞耻的工作"这样的标题，她一定会说，"人们的期望太高"，然后劝诫人们不要怨天尤人，抱怨连连，相比那些没有工作的人，有工作的人就该知足。

这个故事不是大卫·艾尔顿杜撰的，他与玛丽相识已久，关系亲密。写这篇文章时，他还说晚上要给玛丽打电话。因为，玛丽就是他的妈妈。

我讲述这些成功者的经历，只是为了说明道理，并不是在谈如何复制他人的成功。卓越，不一定是非要创立自己的公司，成为老板，这未免太过偏激了，也不太现实。对于多数人来讲，我们更该关注的是自己背后存在的另一种成功，即如何在岗位上成就自己的事业。

想在岗位上实现个人价值，首先要保证认真完成好每一项工作，而要做到这一点，没有谦卑的态度是不行的。一个有着谦卑之心的职场人士，他在日常工作中应当是这样的：

1. 有着平等的职业观

社会就像是一个不断运转的大机器，而社会中的各种职业都如同这部机器的零件，少了任何一个，都会导致机器不能正常运转。凡是存在于社会上的任何一种职业，都是必不可少的，且所有正当合法的职业都是值得尊敬的。有些工作尽管环境不好，薪水稍低，琐碎繁杂，但这并不意味着它不值得做好。

前纽约中央铁路公司总裁佛里德利·威尔森有一句话很值得回味："一个人，不论是在挖土，还是在经营大企业，他都认为自己的工作是一项神圣的使命。不论工作条件有多么艰苦，或需要多么艰难的训练，始终用积极负责的态度去工作。只要抱着这种态度，任何人都会成功，也一定能达到目的、实现目标。"

卓越不一定都建立在那些闪耀夺目的岗位上，不一定都是轰轰烈烈的。相反，那些容易被人忽略的岗位，往往造就了诸多的不平凡。谦卑、认真的态度可以使平凡的人把卑微的工作做得伟大，消极、怠慢的态度可以使人把崇高的工作做得卑下。

所有的成功者都有一个共同的特征，那就是不会轻视任何一项工作，且乐意接受每一份工作。不屑于去小单位小部门干力气活赚小钱，一心只想往高处走，对手头工作横眉竖眼挑肥拣瘦的人，总会陷在无知漂浮、眼高手低的状态里，迷茫停滞。

2. 明白自己的局限

谷歌的人力资源高级副总裁拉兹洛·博克说："谦卑不光是给别人闪光的机会，也是对自己知识的谦卑。没有了这种谦卑，就无法进步。"

象牙塔与社会之间，存在很大程度的脱节，从进入职场那天起，几乎一切都要重新开始。谦卑，就是要我们有一个清醒的认识，不要拿毕业院校、学历证书来衡量自己的价值，学历只代表着你具备一定的智力，懂得一定的书本知识，能力才是与实际工作相联的，你要学会提升工作能力，用处理问题的能力来说话。这一点，对于职场新人而言尤为重要。

还有一些员工，个人能力很强，业绩突出，走到哪儿都能成为焦点，做任何事都信心满满，唯独不愿意听取他人提供的意见和建议；或是在表面上圆滑应承，私下依旧我行我素。从某种角度来说，这是有自信的表现，只不过，少了谦卑的自信，面临着很大的危机，往往会让人停滞不前，且不利于在整个团队中的人际关系。

3. 不以事小而不为

无论什么样的岗位，无论多么复杂的工作，都是由细节和小事串联起来的。在工作中，没有任何一件事情，小到可以被抛弃。没有小事，大事就成了空中楼阁；没有了细节，复杂的工作就成了纸上谈兵。与其浑浑噩噩浪费时间，不如从自己经手的每一件琐事、每一件小事中得到成长，由简入繁，积少成多，成就自我。

轻视小事，放任细节，其实是一种陋习。有一个关于柏拉图的故事，很能说明这个道理。

柏拉图看到一个小孩在玩一个荒唐的游戏，就走上前去严厉指责。小孩满腹委屈地说："就因为这点小事，你就责备我？"柏拉图严肃地说："如果养成了习惯，可就不是一件小事了。"千里之堤毁于蚁穴，失之毫厘谬以千里，与柏拉图所言如出一辙。

不要认为自身能力突出，就可以小看工作中的琐碎之事，即便是1%的事情也要投入100%的专注去做，否则就跟不做没什么区别。如果你不甘平庸，就要记得时刻鞭策自己，任何一件事都要全力以赴，一丝不苟。要知道，世界上散漫粗心的人太多，专心致志的人供不应求。

工作，说到底就是一个态度问题。一个连本职工作都反感和厌恶的人，最终也会遭到生活无情的唾弃。当你放下成见，认真地审视自己所做的事，把工作当成学习和进步的途径，就能够在平凡的工作中找出最大的乐趣，挖掘出自身最大的价值，获得工作赋予的最多奖赏。

记住：你的工作和生活态度，决定着你的未来和成就。